2021 年度浙江省哲学社会科学规划课题
《服务长三角数字经济的应用型数字人才培养模式研究》（21NDJC191YB）资助

新经济时代

中小企业产品设计创新

概念、流程优化与模式构建

蒋之炜　著

中国纺织出版社有限公司

图书在版编目（CIP）数据

新经济时代中小企业产品设计创新概念、流程优化与
模式构建 / 蒋之炜著 . -- 北京： 中国纺织出版社有限
公司 , 2022.1

ISBN 978-7-5180-9067-9

Ⅰ.①新… Ⅱ.①蒋… Ⅲ.①中小企业—产品设计
Ⅳ.① F273.2

中国版本图书馆 CIP 数据核字（2021）第 217794 号

责任编辑：舒文慧　　　　特约编辑：吕　倩
责任校对：楼旭红　　　　责任印制：王艳丽

中国纺织出版社有限公司出版发行
地址：北京市朝阳区百子湾东里 A407 号楼　邮政编码：100124
销售电话：010—67004422　传真：010—87155801
http：//www.c-textilep.com
中国纺织出版社天猫旗舰店
官方微博 http：//weibo.com/2119887771
北京虎彩文化传播有限公司印刷　　各地新华书店经销
2022 年 1 月第 1 版第 1 次印刷
开本：787×1092　1/16　印张：10.75
字数：192 千字　定价：88.00 元

凡购本书，如有缺页、倒页、脱页，由本社图书营销中心调换

前言

　　本书以浙江为典型样本，通过对中小企业设计需求和设计方法的综合分析，以流程优化和时效性为指导思想，深入研究中小企业产品研发可行路径——产品设计快速响应模式，分析了新经济时代产业结构调整中该模式在中小企业的构建和应用前景。

　　产品设计快速响应模式是针对设计流程的优化。在合理的思维导向和规范技术、现代设计方法、信息技术、数字化能力和经济条件的支持下，结合现有产品设计工艺、虚拟技术、三维数字快速成型技术、人工智能、大数据库技术、重组网络、工业互联网络和计算机辅助制造等已实际应用的技术，并充分利用企业管理者已有的各种设计硬件资源和设计人才资源，采用规格化、模组化等设计方法，将客户的定制设计转换为机件的标准化设计，以低成本、高质量、高效率的产品设计方案满足用户个性化和快捷化要求。

　　该模式是基于现有设计方法和技术手段的改造，高新技术研究和开发相对较少，可以有效地减轻创新能力较弱的中小企业的开发技术和资金投入压力；其次，这种模式将设计目标定位在中小企业产品开发的现实环境上，缩短了设计的周期，降低了设计经费支出和市场的高风险。因此，有利于中小企业开发和应用，以实现产品研发的技术、性能提升和成本降低。

　　全书分为两篇。第一篇为概念与现状，阐述研究的背景、目的和可行性。从中小企业创新能力与生存发展的关系出发，介绍了国内外产品设计的发展演进过程及代表性国家的产品设计特点；从经济模式和经济增长方式转变、产业价值链地位和创新能力等多个维度对中小企业生存状况进行分析，并探讨了品牌策略、设计人才和设计需求在产品创新过程中所产生的影响。第二篇为流程优化与模式构建，分别论述了基于流程优化的产品创新途径及其快速响应模式构建的背景、影响因素、理论基础及关键和辅助技术；通过实证案例，从流程优化、评价体系和结合形式上对该模式在中小企业的导入进行了完整的分析和论证。

目录

第二篇 流程优化与模式构建

第一篇

概念与现状

第 1 章
绪论

    当今世界中，作为要素的文化已经向很多商业投资者的活动领域渗透，文化依托于产品开始显露其深层的意义，同时文化的影响力也在日益增加，其对经济的支持是社会生产能力的触发和根本动力。❶这种文化要素与经济活动的相互作用和影响，使两者逐渐显示出其系统性作用，生产力的性质因文化的广泛影响而变化，现代先进生产力越来越融入文化元素。经济活动和文化要素热情拥抱，文化已经变成生产力元素的关键组成，并作为独立的生产者元素参与到商业活动、资源配置和管理决策等各经济领域。文化要素的物质化特点不断加强，实现内在价值的表层形式转化，改进和完善生产组织方式，合理有效地管理和调整生产过程。因此，文化是现代经济社会生产力的关键，在国民经济和时代发展中占据了越来越重要的地位。

    200 年前的工业革命导致机械化、批量化生产方式逐步兴盛起来，终结了旧时代下的工匠生产方式，深化了生产活动中各行各业的分工和细分程度，促使设计与生产、销售的分开。在这一过程中，设计元素体现出新生产力的特征，开始贯穿于生产全过程，助力于协调和管理生产各方面，使得以消耗物质资源为特点的过时的生产模式逐渐瓦解，先进生产力要素的构建成为社会发展的重要推动因素。

    进入 20 世纪 90 年代，美国经济出现了第二次世界大战后罕见的、持续性的高速度增长。在信息技术部门的带领下，美国自 1991 年 4 月份以来，经济增长幅度达到了 4%，而失业率却从 6% 降到了 4%，通胀率也在不断下降。如果食品和能源不计在内的话，美国 1999 年的消费品通胀率只有 1.9%，增幅为 34 年来的最小值。不仅美国如此，西欧和亚洲经济也呈现出类似的迹象，无论是政府还是民间，无不对未来充满了乐观的希冀。❷

---

❶ 陈世清. 对称经济学. 北京：中国时代经济出版社，2010，3.

❷ 中小企业：根据工业和信息化部、国家统计局、国家发展和改革委员会、财政部《关于印发中小企业划型标准规定的通知》（工信部联企业［2011］300 号）精神和国家统计局制定的《统计上大中小微型企业划分办法》确定。本办法按照行业门类、大类、中类和组合类别，依据从业人员、营业收入、资产总额等指标或替代指标，将我国的企业划分为大型、中型、小型、微型等四种类型。

　　这种经济活动的迹象被称为"新经济"❶❷，"新经济"在本源上被部分学者归类于知识经济，知识经济是指不同于传统的以工匠作坊方式为主、以自然资源为现实基础的新的经济模式。在这种情况下，新经济以高科技产业为支柱，以人类知识和智力为资源基础。著名经济学家樊纲认为，"新经济"在不同地方被赋予了各个维度的含义。初期，新经济指的是美国在这几年发展的轨迹：在科技进步和全球化的基础上长期高增长、低通胀、低失业；这将不再适用显示失业和通货膨胀逆相关关系的现有的所谓"菲利浦斯曲线"（因此是"新"经济）。但是，"互联网股"暴涨之后，包括信息、互联网行业在内的"新科学技术产业"和"科学技术领域"被国内外许多人称之为"新经济"，而"旧经济"则成了其他所谓"传统产业"的代名词。

　　综上所述，新经济的实质就是信息化与全球化，是人类经济发展史中前所未有的科技型、创新型经济，是信息化带来的经济文化成果。新经济具有低失业、低通货膨胀、低财政赤字、高增长的特点。通俗地讲，新经济就是我们一直追求的"持续、快速、健康"发展的经济。新经济的出现，既给各国经济发展带来了新的机遇，也给经济不发达国家的企业带来了新的挑战，促成新经济出现的现实环境是全球经济一体化，高科技创新及由此带动的一系列其他领域的创新对中小企业的生存与发展环境产生了巨大和深远的影响。

1.1　本课题研究的背景和意义

1.1.1　研究背景

　　设计是人以宏观世界的"物"为媒介进行的一种高级思维活动，是以自身的观念和思考影响文明缔造过程的活动。工业设计是随着机械化生产方式发展起来的新兴学科，可以适应新的历史背景下的生产方式，这一创造性的活动满足了人的生理和精神需求。由于机械化大规模生产，大量机械制品被投放到市场，这些产品粗制滥造，缺乏精细和科学的设计、美化，不能满足顾客的审美要求。面对这种状况，英国进行了机械化、科学技术和文化艺术合作发展的尝试，政府部门对城市主管当局的设计和机器化产品设计进行制度化的运行和管理，从而使英国进入了工业复兴的轨道。德国的工业设计发端比英国滞后，但经过前期的发展和积累，逐渐变强，前进的势头非常迅猛。近现代以来，西方近代设计思潮更是对德国的机械

❶　陈世清. 对称经济学 术语表（十二）. 大公网. 2016-06-29.

❷　陈世清. 经济领域的哥白尼革命. 北京：中国时代经济出版社，2015.1.

化生产产生了深远的影响。其后，第一次世界大战和第二次世界大战开始，引发了欧洲北缘、中部、美洲等地的工业设计风潮逐渐兴盛，并且呈现出不同的地域特点。经历了这一初始时期之后，工业设计及其从业者们开始成为社会公众和政府部门关注的重点，而设计师也受到整个社会空前的重视。并且，战后经济的复苏和顾客的庞大消费需求导致了设计的商业化倾向，过分偏重于外观而忽视了功能和人的使用。同时，世界经济的周期性衰退和环境能源的危机等消极因素给西方社会带来了诸多负面冲击，由此带来对产品设计的合理性以及科学性的反思，这些方面的探讨和争议上升到了更新的层面，其结果是生产者更加关注产品设计的过程中，用户与产品之间的相互关系、材质与心理调适、市场营销与环境保护等相关要素的内在联系和规律。在各类学科的相互发展中形成了工业设计的自主教学体系。现代工业设计在现代工业制造领域广泛应用，其所具有的文化要素特征正在推动时代前进的步伐，世界各国希望在这一领域为经济建设挖掘更大的进阶优势。其中，最具有代表性和影响力的是美国、日本、英国、意大利、法国和北欧等国家。

中国的改革开放的深度和广度正日益加强，许多企业从劳动集约型转变为技术中心型。20 世纪 80 年代后，市场的持续扩张推动了经济全球化进程，拉动世界范围的产业结构调整，产业分工趋势越来越明晰。与此同时，发达国家工业信息化转型步伐加快，制造业加速从发达地区向发展中国家转移，给中国现代制造业和工业生产性服务业的升级发展带来了挑战，同时也提供了机遇。

（1）工业生产性服务业蓬勃发展

历史进程迈入 21 世纪，工业生产性服务领域进入高速发展时期，其增长幅度在全球经济贸易中逐渐占据了优势，西方社会也开始加大这方面的投资力度。钱庄、保险、当地交通和特别选择性业务等相关的近代生产性服务业，这类行业在其领域的发展促进了其他产业的前进，因此，助长了经济的全面发展，在提升国内企业的生产效率方面产生了积极影响和意义。发达国家经济增长的主要来源是已经从传统的制造业转换到现代服务业，其中工业生产性服务业的发展水平已经显著提高，大幅超过服务行业的一般增长水平，呈现出强有力的扩张趋势。以钱庄、保险、土地兼并和经济技术交换等为特别表征的近代服务业，在西方发达国家国民经济发展中的缩量增长超出了 GDP 的 30%。业内认为，这种较快发展势头在较长时期内仍然是工业生产性服务业的主要特征。

（2）现代制造业和工业生产性服务业结合紧密度增加

许多行业中发生的服务需求属于生产环节性质，这类需求通常在下述场景中较为常见，如产品设计、运输和储存、促销宣传、资产整合、财务处理等。制造业和工业生产性服务业原本是互不相关的两个领域，但是现在它们已经变成唇齿相依的状态。具体表现为企业管理者越来越多地将劳动力、物资和财力输入到服务性的业务活动中，其投放比例已渐渐超过原料和固定资产的投放比例。与其他商业活动相比，工业生产性服务业和制造业两者之间的界限日益模糊，生产经营活动的中心由制造业转向服务业。同时制造业向服务化方向转变，如从固有的生产方式改变为定制服务，在产品销售中提供信息和经济技术服务，促进企业技术革新和产品质量优化的进程。通过投资或收购大量工业生产性服务业企业，多数传统制造业企业从现有业务模式转变为服务模式，保持企业在激烈竞争市场条件下的高利润率。

（3）中小企业的创新能力与生存和发展的关系

据统计，截至2018年底，中国中小企业数超出3000万户，个体户工商户超出7000万户，为国家实现税赋的50%以上、GDP的60%以上、70%以上的技术创新硕果和80%以上的工作者就业。2013年末，全国第二产业和第三产业中的小微型单位法人785万个，占全体法人数量的95.6%。2018年全年工业增加值305160亿元，比上年增长6.1%。规模以上工业增加值增长6.2%。在规模以上工业中，分经济类型看，国有控股企业增加值增长6.2%，股份制企业增长6.6%，外商投资企业和港澳台企业增加4.8%，私营企业增长6.2%。2018年全国企业研发费用（R&D经费）达到15233.7亿元，比上年增长11.5%；其中规模以上工业企业研发费用达到12954.8亿元，比上年增长7.8%。企业研发费用对全社会研发费用增长的贡献为75.9%，拉动全社会研发费用增长9.0个百分点。2018年，规模以上工业企业中有16.1万家开展了技术创新活动，所占比重为43.0%，比上年提高了2.5个百分点。2018年1～8月，浙江范围内的工业企业研发费为966.1亿元，同比增长18.4%，增速比营业收入高15.5个百分点，研发费用相当于营业收入的比例为2.0%，比去年同期高0.3个百分点。分类型看，小、中、大型企业研发费用同比分别增长30.6%、14.6%和11.0%，分别拉动规模以上工业研发费用增长9.8、4.8和3.8个百分点。私营企业研发费用增长29.3%，拉动规模以上工业研发费用增长10.7个百分点，贡献率达58.2%[1]。2016～2018年三年间全省累计新设小微企业92.7万家，平均每年新设30.9万家，占全省新设企业总数的比重达81.89%。其中有研发支出企业占比由2016年的7.19%提高到2018年的12.75%，增长77.33%。2018年，科技投入占比指数为143.18点，同比增长18.61%。技术人才（含高技）比重指数为135.04点，同比增长15%。平均拥有专利、商标、品牌数由2016年的0.29个/家提高到2018年的0.37个/家。企业核心产品产值占比指数达126.06点，同比增长2.13%。[2]

[1]　浙江统计信息网 http://tjjdata.zj.gov.cn/page/systemmanager/admin/homePage.jsp?orgCode=33（2018年度），2019.9.
[2]　浙江省市场监管局，《浙江省新设小微企业活力指数报告（2019年）》，2019.10.

1.1.2　研究意义

中国整体经济一直以来以都是旧有的制造业和加工业为主导，没有自营性品牌和自营性知识产权，处在生产价值链的末端。浙江省是"民营经济"特征显著的省份，中小企业的市场竞争主要是低成本和低价格竞争，企业发展依靠的主要是物质资源投入，导致产业水平低、布局散、竞争力较弱，大量制造加工型企业缺乏核心竞争力，低效益甚至负利润增长的被动局面长期存在。

后金融危机的年代正在到来，中国的经济活动参与者开始受到影响，同时，贸易保护主义风气的重新出现和新经济时代的到来，使得大量的中小企业意识到产品的自主知识产权含量、竞争力和抗风险能力都亟待加强。从设计及工艺流程优化入手，引入产品设计快速化模式，基于中小企业产品研发的历史条件，减少设计成本缩短设计周期，增强产品定位的精准度。诸如此类的产品换代新路径不仅对浙江省中小企业的产品开发有指导意义，而且对全国中小企业的产品开发活动也有影响，具有广阔的应用前景。中小企业可以围绕这种变动趋向，抓住机遇，为现代制造业和生产性服务业做出贡献，提高企业核心竞争力，这些无疑具有显著的现实意义。

1.2　国内外企业产品设计发展概况

许多国家非常重视产品设计。产品设计的巨大潜力也引起了政府决策部门的关注，将其称为企业的生命线和立国之本。普通民众也可以从各类产品和身边应用中，实际体验和感知产品设计对人们生活态度和消费方式的作用和关系。功能主义的近代设计潮流源自德国包豪斯设计学校的出现，这是近代西方的主要设计风格的基本脉络，珍视简洁和功能性，摒弃非应用性的装饰，确立了理性和系统性，促进了产品设计风格的多样化过程。目前，世界上许多企业成立了与产品设计相关的研究和开发部门，各类设计工作室、设计公司和工业设计行业组织等不断涌现，这些变化和趋势促进了产品设计的纵向发展。

但是，我们应该认识到，产品的设计在进步的道路上并非是一帆风顺的，而是挫折与困难并存。理解产品研发的基本发展轨迹，研究各类设计风尚和潮流在各个时代的变迁和发展，有助于理解自身所处的历史地位和时代赋予的责任。

1.2.1　国外企业产品设计的主要特点及发展趋势

鉴于以往价值观上的限制和障碍，产品设计在英国经过了一个时代的前进后，增长速度逐步放缓。起步相对较晚的德国在这一点上获得了先机和推动力，工业设计师队伍在该国迅速发展壮大。近代以来，该国的机械化小生产者受到西方现代设计思潮的巨大冲击，在大量生产过程中引入设计的创新观念和思维，艺术创造和经济活动取得了现实的统一，包豪斯学校在此中发挥了重要的联系和沟通功能。

在第一次世界大战和第二次世界大战中，产品设计于北欧国家、意大利、美国和其他国家和地区都取得了进步，并突显了地区性。北欧国家以富于社会科学趣味的设计美学定义引起了设计界的注目，1920 年前后开始加入国际级设计战线。与此同时，意大利设计师与近代工业相结合，缔造了许多典籍、潮流的产品。美国因"二战"时对军用物资产生的硕大需求，造就了其产品设计的生命力。"二战"后，德国的包豪斯设计学校的众多精英流亡海外，其中一部分人来到美国，拉动了现代设计的视角和思潮的发展。随着经济形势的迅速前进，美国逐步成为近代工业产品设计的代表。

在"二战"后世界各地重建和恢复国家实体经济的过程中，产品设计师发挥了重要作用。他们遵从了战后经济发展趋势和增加顾客喜好的流行方向，为了吸引消费者，逐渐出现了产品形式的变化，如美国的"有计划废除"的设计战略，设计过于重视外表的商业化倾向，无视功能和人的使用需求，导致了产品设计的"脱轨"。为满足战后高涨的投机者需求和公众的喜好，产品开发的形式出现了单纯地迎合消费流行的现象，如美国的"计划性撤离"的设计策略等。但是，这种设计的倾向是过度珍视外观的美感和装饰功能，忽视了产品的性能和应用性，使产品设计的发展脱离了根本尺度。由于经济萧条、能源紧缩及环境恶化的产生，产品设计在各领域学科发展中开始交互融合，发展出独立的学科体系。

（1）英国及美国产品设计概况

英国产品设计注重用连续视角观点展现创意，重视深厚的技术和直观感受，这是其产品的魅力所在。呈现团队的创造性和整体合作是英国多数设计企业管理者和从业者的视角。另外，英国的设计者更倾向于采用近代高新技术主导下的人体工程学和美学成果进行感性设计，即表现消费者的兴趣爱好、文化水平，体现产品的象征功能。英国的产品设计特征是为用户提供优等的产品性能，以及产品使用时特殊的感情，也就是说被归属于非常特殊的人群中，从而带来归属感和荣耀感。

美国的产品设计从 20 世纪前半期到 20 世纪 80 年代主要采用少数关键人物主导。职业产品设计师大多是被一些大企业聘用。另外，作为创业者，设立设计师事务所，进行代表定制的也很多。但设计师一般只在产品开发的最终阶段参与，在企业中起到的功能非常有限，设计部门往往是从属的小部门。20 世纪 90 年代以后，美国工业产品设计取得了飞跃发展，产品设计环节已经成为产品生产全过程的重要组成部分，包含了从设计者的角度提取产品到大批量机械化小生产者的各个产品开发流程元素，对产品原型策划产生直接贡献的企业附属设计部门占比近七成（实际为 62% 左右）。设计的技术、方法、理念也发生了很大变化。CAD 设计师和 RP 的实用技术对设计方案进行对症改进，实现了创新者和制作者执行中的可执行性。理念的革新和形成带来设计模式的转变，深刻地反映了这种转变的战略，包括重视客户的设计模式和多专业合作的产品设计开发程序。美国人机工程协会（HFES）于 1957 年全面科学研究、分析考察了用户的行为方式及其内在关联性，并在观念和体验要素研究中施用定性科研。另外，20 世纪 60 年代末开始，美国的工业设计师行业也开始聚焦产品应用界面的设计问题，80 年代中期引入交互设计（HCI，Human Computer Interaction），用户行为模式的研究开始受到关注。

（2）日本及韩国产品设计概况

①日本推进产品设计的基本情况 ❶

1928 年（昭和 3 年），日本政府为了提高产品设计水准，发展区域产业实力状态，在仙台设立了商工省（现经产省）工艺指导所，经过多次机构改革，于 1998 年（平成 10 年）关闭。

20 世纪 50 年代后，鉴于日本海内企业大量模仿欧美产品设计，受到国外指责，政府提出振兴产品设计计划，预防和整治模仿的现象。1957 年设置了优秀国产设计奖制，1958 年在通产省（现经产省）设置了设计师科和设计师奖励商议会，制定了出口检查法和出口产品设计法，避免模仿设计的行为的出现。从 60 年代末开始，日本产业设计振兴会、国际设计交流协会等民间团体成立，促进了产品设计的发展。

与此同时，日本的产品设计水准得到了发展，日本政府的导向也由以提高产品设计水准为中心转变为树立品牌、发展竞争力。1997 年，出口检查法和出口产品设计法被废止，设计奖励审议会被废止。2003 年经济产业省（以下简称经济省）成立了设计师战略研究会，对设计的革新和使用便利等现实问题发出倡导和提议，如 2007 年提倡了感性传统的设计理念，实施这个提议和优秀产品设计奖制度，是日本政府未来设计振兴战略的重点政策。

②有关机构情况

经产省局下设设计师策略室，主要负责制订振兴产品设计策略、褒奖及防备模仿等生产经营性的指令政策。各都道府县和重视产品设计的市，在产业局设立了首席设计制造产业行政指导部门，以提高地方企业产品设计水平。

2003 年在经产省制造产业局内增置了设计战略研究会，由大学教授、著名设计家等业界专家，对通过设计革新加强产业竞争力的相关课题加以研究探讨，并提出了相关政策。

❶ 日本政府支持企业提升产品设计水平情况 . 中国商务部网站，2010.05.27.

该研究会提出了强化产品竞争力的 40 个建议，包括确立品牌设计策略，提高发展企业经营者产品设计意识的教育，调查既有成功案例，对优秀的设计师产品、企业管理者和设计师进行奖励，在域外兴办日本优异设计家展，建立设计信息普及基础设施，设计师创意保护，设计师人才培养，举办设计师相关论坛、研讨会等。一些提案得到了政府的采纳和推进。

日本产业设计振兴会成立于 1969 年，是日本最初的设计提振民间团体。该振兴会负责开展选聘生产设计师、推进振兴计划、提高企业产品设计水平、评选组织优秀产品设计奖、举办设计展等工作。振兴会实行会员制，资金来源有系列化产权纳税人受益、各种生产经营性纯收入、会员赞助、内阁代表事业补助金等。

关于产品设计的振兴，涉及 8 个设计振兴分组织：日本工业产品设计协会、日本室内装饰设计师协会、日本手工艺品设计师协会、日本包装设计协会、日本平面设计协会、日本珠宝饰品设计师协会、日本标志设计师协会、日本陈列设计协会。各团体均为会员制，主要担负相关领域的设计展示、交流和人才培养的任务。

另外，日本经贸促进会等组织着眼于帮助企业经营，助力发展产品设计，采用创新设计的中小企业产品，对海外参展给予大量补贴，帮助中小企业进军域外市场。日本各地、业界也有许多设计组织，为推动设计创新，从不同方面进行了推广设计思维，强化设计观念的工作。

③日本政府振兴产品设计的主要政策措施

（A）创造体验价值倡议。2007 年，经产省提出为了制造业竞争力的可持续发展，除了要有优良的性能、可靠度和合理的价格外，作为产品的价值根基，用户体验也是价值附加的重要因素。为重视用户体验价值所采取的具体措施如举办创造体验的产品展销会，该展销会在东京和巴黎共举办了两届；另一措施是建立相关事件大众网站，官、产、学合作开办体验讲座，培养相关人才。

（B）优异产品设计奖制度（简称 G 标志制度）。抽查鉴定和表彰优异设计产品，加强生产者、流通企业和用户对设计的理解和关心，达到提高产品设计水平的目的。该制度于 1957 年由经产省的首任执行者创设，1998 年移交给日本产业设计振兴会执行。

（C）从 2004 年开始，对重视品牌战略、将设计策略纳入纳税人战略的企业进行褒奖。

（D）与设计教育者组织及产业界合作，共同培养设计行业的人才。2006 年九州高校举办设计产品对接联席会；日本产业设计振兴会与设计教育兴旺的欧美各国的教育者机构合作，于 2007 年建立了国际设计师联络中心，并联合举办研讨会，培养专业适应性强的高端设计人才。千叶高校等则开展将亚洲各国的留学生培养成日本制造业设计部门的核心人才的事业。

（E）在海内海外兴办各类设计作品展，不光获得 G 标签产品设计，还展示了大学、企业管理者的创新设计产品。从 2003 年开始，将每年的 10 月 1 日定为设计师之日，当月则为专门的设计月，会举办各种与产品设计相关的活动。

（F）委托各类研究所、设计振兴组织对产品设计、教育工作者、企业经营者的成功案例进行调查、研究、分析、评价，审视现势和趋向，并提供信息服务。

（G）面向中小企业，在设计指导、聘请专家、新产品研发、商场调查、参展、开拓国内及海外市场等方面提供支持，扶助企业发展产品设计水平。中央政府、地方经济产业局、日本商会、日本经贸振兴机构等在资金和人员上给予了支援。

第二次世界大战后的投机复兴，牵动了日本工业产品设计的前进。日本工业设计协会（JIDA）自 1952 年诞生以来，其产品设计已经在美国式商业主义设计和德国理性主义设计模式的基础上开始渐渐摆脱传统观念的束缚，发展出现代理念，近代设计与旧式设计观念共存，建立了传统设计观念和现代设计方法共同前进的日本式道路。日本的产品设计在其形成和发展进程中，比较突出的特点有以下几个。首先，设计师与政府、产业界的联系异常密切；产品小型化、规范化和多功能化，具有高新技术的特点，与世界市场需求相适应。其次，国内资源的匮乏也要求设计师充分考量环保要素的作用，并形成一种内在心理和自觉意识，主动选择环境污染小、易回收和再利用的材料和工艺。可以在借鉴西方先进设计理念的同时适当继承传统的日本文化。

韩国是继日本后推进设计事业的又一个亚洲国家，从 20 世纪 60 年代开始，韩国就制定了三个"五年计划"来促进经济发展的提升。首先以轻工业为产业化的突破口，继而在重工业和化学产业化领域实现了以出口拉动的经济增长，所谓的"汉江奇迹"引来世界的关注，最后对设计的认知从工艺层面上升到产业概念。韩国的工业设计杰出领袖也和其他许多国家一样，被企业管理者所珍视，如金星洋行、三星电子、现代汽车、大韩电缆、KIA 轿车等企业，相继拥有相关的工业设计部门和设计师。初期，企业经营者们以模仿海外产品起步，但韩国的设计师们并没有止步于此，为了打造自家的设计风格和建立品牌形象而不断努力。这些努力和转型，加上政府 "技能输出"的策略鼓励，在当时引发了一股空前绝后的设计风潮。1965 年，韩国议会根据首尔国立大学实用图画部教师们的提议，设立了韩国工艺设计中心。1970 年，经政府的"扩大出口振兴会"决议，更名为"韩国设计中心"，加强设计研究、开发和促进生产经营性出口，增进产业界和设计师之间的交流，促进了韩国的工业设计向正规的道路前进。另外，还开设了永久性的"Excelen 设计"展示厅，举行了大众性的设计展示和交流活动，并于 1986 年为"Excelen 设计"树立了 GD 标志。

韩国也是资源相对贫乏的国家，这点与日本相似。成为亚洲制造业国家后，韩国将设计作为提升生产力、提高利益和本国人民生活水平的途径。就此，韩国设计了非常多的助长产品设计前进的新战略，如建设产品设计基础设施和扩大经济领域的合作，提供普及性的推广宣传服务；大力培育创造性专门人才，以增加教育者编制为导向，改善教育过程，增加教育专项资金投入；提高产品设计与开发支持力度；加强对有产品设计能力的中小企业的支持；在世界范围内开展产品设计开发活动等。

从 1970 年前后的调查中可以发现，从设计教育到实际生产，韩国的工业设计水平有了很大的提高。1988 年的汉城奥运会是韩国经济和设计产业飞跃的转折点。奥运会上的设计充分展现了韩国人的生活和特性。20 世纪 80 年代的韩国设计引人注目，韩国设计也走上了正常的轨道。20 世纪 90 年代是韩国设计成果的巩固和重新评估的阶段，20 世纪末达到鼎盛。1997 年亚洲金融危机后，韩国在自省中获得了共同认识：加工和制造已经失去了曾经的风采，设计的牵引才是无限的希望，必须加速设计进步，才能真正摆脱危机，韩国才能恢复经济，继续前进。广大的企业组织被分割，企业内部的设计师失去了企业的庇护而进入市场，促成了独立设计机构的出现，由此开启了韩国设计的新风尚：设计的风格和模式在原有的传统工业型的基础上变得更多元化，从改良到模仿都精益求精，在国外产品开发中发挥自己的独创性。这时候，韩国企业经营者们拥有了五星级的设计水准，LG、三星、大宇、现代等大企业的工业设计，特别是新兴高科技产品的设计，显现出了卓越的全球竞争力和发展前景。

考虑到全球产品的竞争在本质上是一种设计和技术的竞争，韩国产品快速前进时的策略也很实际，在技术上要整体赶上美国、日本、欧洲的竞争对手还需要时间，因此，集中投资于设计，提高本国品牌的竞争力来寻求突破是最迅速、有效的手段。国家把设计作为一项重点国策，1998 年韩国首相金大中和英国首相布莱尔在会晤时，即共同签订了《21 世纪设计时代盟约》，同时今后两国将在设计领域积极加强合作；第二年，韩国主办了"第一届产业设计振兴会"，发表了《设计产业前瞻》报告书，通报了韩国在那之后的 5 年内成为设计强国。2001 年，以国际产业设计协会（ICSID）大会为契机，韩国投资 8300 多万美元成立了韩国设计中心，全国经济人联合会也成立了产业设计特别委员会，一如既往地支持设计产业。韩国官、产、学联合一致，是以提高韩国的世界竞争力为目标，从传统的 OEM（原始设备制造商，即代工生产）经营模式转变为 ODM（原始设计制造商）模式。

虽然与政府一起为设计振兴做出了努力，但韩国的设计开发还存在一些弊端。据统计，韩国的产品开发方法和路径主要有三种：使用海外设计师的占 51.6%，本国自己开发的占 40.8%，委托设计事务所的占 7.6%。也就是说，使用外国设计和加工约占一半。这说明韩国的工业设计师有国际化的趋向，但从某种意义上说，韩国的工业设计师行业还处于成长进步期，距离设计强国还很遥远。要想形成真正的韩国特色的设计，本土化意义深远。

20 世纪 60 年代是韩国设计的第一代，经过 70 年代的前进和 90 年代的鼎盛，现在韩国的产品设计呈现出了新的趋势和发展前景。21 世纪初，韩国将设计的未来放在了文化层面，并把它作为未来国家发展的重点。

（3）意大利产品设计概况

直到 20 世纪 40 年代末期，意大利设计仍主要是提供满足基本消费资料需求的大量功能性产品。从 20 世纪 50 年代开始，意大利设计以应用和华美为标准；20 世纪 70 年代后通过设计来促进生产流程方式的改进，使产品设计和生产过程相互推动。意大利设计包含实用的功能和形式，并且具有深刻的人文主义观念，承载着设计者的意愿、希望和幻想。设计常常被视为一种文化和艺术现象。意大利设计对从 20 世纪 60 年代的波普到 80 年代的后现代的历史过程产生了很大的影响。

（4）北欧国家产品设计概况

19 世纪 50 年代后北欧国家开始了近代产品设计的探索、改造和发展，以传统观念为依托并结合了本民族的特点，还吸收了功能主义的基本思想。北欧地域的文化具有其独特性，北欧的设计与德国和美国的设计思想有着显著的差异。设计作品在社会上逐渐流行，获得了世界范围的认可和并成为公认的设计标杆。北欧设计根据人体工程学原理，重视人体舒适度，不仅形式上满足使用者的需求，而且强调对人的服务。北欧设计结合了人的需求，实现强大的形式和功能的创设，产生完美的结合与协调的效果。其产品设计还关注经济性和大众化。从 20 世纪 20 年代以来功能要素形成了功能主义设计模式，从社会大众的经济水平出发，设计理念关注功能，并改变传统的已有观念，在设计中融入感情因素，主张自然、简单、纯粹的生活方式。与此同时，在设计上选择天然材料，与其他产品形成价格竞争力，形成了简洁雅致的"斯堪的纳维亚风格"。在广泛采用大众设计的同时，北欧设计也与尊重个性以及传统文化和现代理念的融合。❶

1.2.2 国内企业产品设计的主要特点及发展趋势

科学技术领域的重要创新以及逐步完善的市场竞争，推动了西方社会工业设计行业及文化的整体进步，而中国工业设计的兴起与前进的成长轨迹，则是一条与世界先进国家和地区非常不同的、具有自身特点的发展道路。中国工业设计从起步到上升发展，缺乏前进的根基，原因是其进程并非是通常意义上循序渐进。中国工业设计协会筹备委员会于 20 世纪 80 年代初成立，大学的专家学者们率先在这一领域进行了大规模的科研工作，奠定了中国工业设计的坚实基础。这一时期是中国工业设计的萌芽期，是在现代工业和企业发展尚不具备，也没有类似西方的市场机制和多元消费需求的成熟基础的情况下，计划经济社会背景下的产

❶ http://hi.baidu.com/%C9%E8%BC%C6%C7%BF%B0%EE/blog/item/2a8e19c35fa482100ef47785.html.

物。虽然经历了长期历史积累，取得了显著的成果，然而，历史现状和时代发展使得中国工业发展的道路依然曲折，新的经济发展背景下，相比西方而言，在这一领域内仍旧有着较明显的差距。

（1）国内企业产品设计的特点表现

①企业对于设计活动的认同度较低，自主创新动力不足

1949年后，中国社会在一个较长的历史时期内采用的都是计划经济体制，在生产过程中追求产品数量的增长，关注规模的扩张，但对新产品的开发设计和产品质量的提高缺乏足够的重视，因而导致产品数十年不变，质量提升缓慢。很多企业重复性的增添生产设备，但是没有在设计研发，以及建立具有自主知识产权的设计团队方面投入足够的财力、物力和人力。

自20世纪80年代以来，经济全球化的趋势来袭，其核心特征是市场的不断扩张。这一过程促进了世界性的经济结构的调整。全球产业结构的调整变动和分工的倾向日趋显著，同时，发达国家的工业化转型升级信息化的步伐加速，跨国公司也加快了制造业向发展中国家的转移。中国的经济体制也开始向市场经济过渡，因此，企业管理人员在国内外竞争的过程中开始重视设计的价值，产品设计逐渐从萌芽期进入了成长期，中国的现代制造业和工业生产性服务业也迎来了机会和挑战并存的发展时期。中国迅速成为新兴制造大国，但由于传统制造业和加工业长期的主导地位，产品缺乏自主品牌和自主知识产权。许多企业受制于落后的设计，只能选择给国外控制设计的上游企业打工，处于产业价值链的末端。创新的重要性对他们来说是显而易见的，也并不是没有实现的能力，而是工业设计还没有得到企业的重视，没有形成企业的核心竞争力，并且由于企业短期内的制造业利润还在持续增加，因此，与为了新产品开发，投入大量的人力和物力相比，模仿和OEM可以得到的利益则更为实际。

A. 单纯以机会成本价值观为视角，以仿制、借鉴等较低端的传统工作模式来评价创造性的设计劳动，不能充分理解自主设计的无形价值；

B. 重视物质性劳动（如施工、制作等），轻视非物质性工作。承认具象的设计活动及其成果表现形式，如草图、文本、模型等的价值，轻视无形思维创造的非物质性劳动所体现的更高的附加值。

②产品设计普遍缺乏原创性，自主知识产权含量较低

首先，设计模仿这种所谓的移植手法，使得企业的缺乏设计原创动力。模仿、移植的成本低、周期短、效果快，短时间里企业可以快速获得利益。自主的原创设计相对的风险很大，因为有沉没、溢出成本等。因此，企业管理人员自主性革新的意愿不强。其次，企业或部门对设计模仿和移植行为有依赖性，这会逐步形成以模仿或移植成本为标准，评价自主设计价

值的畸形思维。设计这一创造性活动，经常是组织全体行为中的边际要素，是一个非核心的环节，在企业的投入中所占的比重表现为"最后一公里"。企业更愿意把人力、财力和物力，最大限度地投入到有形的实物产品的生产和固定资产的量的增加上，而希望设计活动能在最短时间里取得效果的最大化，产生投入最少、产出最大的效果。

（2）国内企业产品设计的发展趋势

在实际推进过程中，要多与外国设计师、合作方的交流，研究海外先进的产品，提升设计眼光。引入整合营销的概念，关注界面设计、外观设计、顾客心理、营销流程、产品企划、材料与技术等相关环节，跨学科研究，使产品差别化，并建立品牌竞争优势。企业本身的设计人员配备和当地设计企业的逐步建立，可以帮助设计从效仿和改良，渐渐过渡为独立的创新设计，从而构筑企业的核心设计团队。实现校企合作方、产学合作方、人力资源和产业资本的市场整合，在协同研究中谋共同发展。从"6 + 1"的产业链的"1"——加工制造为主的产业链条的末端逐渐向"6"——产品设计、原料采购、仓储运输、订单处理、批发经营和终端的 6 大阶段高端迁移，即从单纯的外观设计向可持续发展的"集合式社会系统的整合设计"——"工业设计"整合产业链的目标转换。❶

产品设计创新基础及人才优势

中国各省、市在企业产品设计转型方面的研究步伐并不一致，其中，北京、江苏、广东和上海是比较先发和突出的，集中体现在以下几个方面。

①经济发展的需求和教育人士的先行作用，推动了北京市、江苏省的发展。北京和江苏的很多高校积极引进海外先进的设计观念，历经 20 余载的发展，培养出大量的设计人才并输送到全国各地。

②广东省在 20 世纪 80 年代前期，由于率先实施开放政策，加上地理位置的优势，相关的研究比较早，政府和企业的重视程度也比较高。

③上海产品设计的进步与坚实的工业基础和其国际化城市的定位密切相关，近年来相关设计科研人才集聚发展，发展势头迅猛。

从产业基础和趋势来看，珠三角地区、长三角地区、北京市和天津市等已成为制造业中小企业的集群，正向专业品牌集群迈进。以农机具、游戏机、家具、服饰、塑料制品、五金等消费品及日用百货为主要产品类别，产品更新周期快，选择性和可变动性强，为设计创新提供了良好的条件。

---

❶ 柳冠中在《急需重新理解"工业设计"的"源"与"元"—由"产业链"引发的思考》（艺术百家，2009 年第 1 期总第 106 期）一文中，阐述产业链的概念及工业设计在产业链中的价值及其地位。

1.3   本课题研究的目的与可行性

1.3.1   研究的目的

浙江的地理位置独特，国际贸易较为发达，经济对外依存度高，受国内外经济局势的影响很大，众多制造业企业希望提高自主创新能力和防范外部风险的能力，来加强自身关键竞争能力。然而，中小企业所占比例较大，产品设计人员普遍缺乏系统设计理论知识，设计产品的过程变成了复制产品，导致实际设计能力不足。本课题是对上述典型样本的产品创新设计方法的研究，其主要目的有以下几点。

①整合产品设计理论体系，从理论上对中小企业产品创新的内涵本质进行阐释。

②研究满足国内现实中小企业需求的产品设计快速响应机制和评价指标，为企业产品开发提供理论指导，加快新产品开发换代效率，并能够及时应对对市场的波动变化。

1.3.2   研究的可行性

依据中小企业顾客的多品种、少批量的生产特性，本课题通过研究产品族机件和产品规格具有的相似性、普适性，减少内部的多样性，运用标准化、模块化等方法来进行产品设计，使产品设计的成本大幅降低，压缩产品设计周期，节约大量的时间和产品开发资金，增强中小企业的市场应变能力，增强核心竞争力和防范风险的能力。这一模式整合了时间竞争、精益生产和微观营销等现代管理思想的精华，利用生产、管理、组织、信息技术、市场营销等已经成熟的平台，使产品设计在中小企业的应用和普及的成本相对较低，风险小，相比传统设计模式，其具备了更多的优势，更能适应网络经济及国际经济一体化的新格局下的竞争模式。

1.4   本章小结

本章梳理了海外中小企业的创新经验和特点，阐述了美国、日本、英国、意大利和北欧等国家的产品设计现状及趋向，以目前中小企业自主创新和内在动力不足的现实为视点，肯定了原创设计的重要性，并从模仿着手，从产品设计快速响应模式的构建，到中小企业产品的创新路径研究，并提出培养中小企业创新基因和品牌战略的可能性和实施前景。对于中小企业向自主创新和品牌竞争的良性发展转变，提高核心竞争力具有显著的现实意义。

第 2 章
中小企业产品创新的现状分析

2.1 中小企业生存状况分析

2.1.1 中小企业概念界定

对中小企业进行定义是世界性的和永恒性的难题。基于经济发展的不均衡性，世界各国对中小企业的定义不尽相同，中小企业往往是一个相对模糊的概念。首先，它的现实框架因涉及领域的不同而被不同看待。其次，中小企业是和大企业相对的概念。如此，就给中小企业的定义带来一定困难，业界普遍认为，如果定义太宽泛，则政策资源和要素资源配置过于分散，不能起到培育和扶持作用；如果定义过于狭窄，就会把需要培育的企业排除在政策之外。故此，适当限定中小企业的定义，对于分析其产品创新的现实状况具有一定的理论价值，同时也具有非常重要的现实意义。

（1）国外中小企业界定标准的变迁 ❶

从国内外中小企业的科研文献来看，通常国际上对各级中小企业的定义有定性（qualitative，或称作质的定义）和定量（quantitative，或称为量的定义）两种方法。全球范围的各类中小企业的界定标准和依据的方法有很多，以下是某些典型性的表述。

①中小企业定性界定标准

定性的界定标准也称质的界定标准或者地位限定标准，是与数量标准相对应的指标，它从企业经营管理的角度，表示企业经营管理的本质特征，即质量指标。例如，企业经营者的独立性、所有者和纳税人的一体化、经营者直接参与劳动过程、家庭经营、经营者对全体员工的直接管理等。因此，根据质的界定指标，某些大企业的子企业并不属于中小企业。

美国法典《商业与贸易》中的定义是："小企业是指某一行业的一组固定的企业，其总收入的百分比对于维持该行业的竞争是必要的。"1953 年公布的《小企业法》规定："独

---

❶ 李成，吕博. 中小企业界定标准的国际比较及启示，未来与发展 [J]，2009.Vol.6.

立所有和纳税，在某个行业中不占主导地位的企业都属于中小企业。L.E.格莱纳（L.E.Greiner）的研究发现，中小企业作为一种组织，通常会经过"世代交替的成长""指导的成长""授权的成长""协调的成长""依靠并合作的成长"五个阶段后，发展成为大企业组织。所以美国通常以这五个阶段为基础判断某个企业是否是中小企业。

1969年，英国的博尔顿委员会［Bolton Committee，以J.E.博尔顿（J.E.Bolton）为首成立］调查了国民经济中小企业的状态和这些小企业能够得到的支援，并提出了改善方案。该委员会认为，小企业的市场占有率小，所有者自己经营，不应该隶属于大企业，而是独立的企业。1971年博尔顿委员会发布的《中小企业报告书》将中小企业定义为"中小企业是由企业主或大多数所有者经营的市场占有率较小的独立企业"。这个委员会给出了判断中小企业的三个特点：市场份额较小；没有固定的管理机构；不受母体企业的操纵，有自主决策的权力。在英国学者哈罗德·威尔逊（Harold Wilson）和哈罗德·麦克米伦（Harold Macmillan）领导下开展的两项研究表明，融资方式的差异是区别大小企业的主要特征。例如，小企业需要从银行筹措资金和使用贸易贷款，缺乏从公众手中募集风险资本的力量，它们只能依靠所有者自身的资金和董事的贷款进行运营。

澳大利亚的维茨雪委员会（Wiltshire Committee）对中小企业的定义是：一个企业的管理人员只有1人或2人，对企业的财务、会计、人事、购买物品、生产或服务、市场、销售等所有重要环节的管理可以自己解决，不需要借助其他人员帮助。澳大利亚国会下属的工业和科学常务委员会对中小企业的定义为具有自主拥有和自主纳税，由所有者或经营者主导，提供大部分运营资金，企业的决策主要由所有者或经营者做出等管理和组织特征的企业为中小企业。

德国对中小企业的界定是资本市场无法直接提供资金给经营者，经营者独立或与员工一起进行企业的生产经营活动，并直接承担风险的企业即为中小企业。

②中小企业定量界定标准

中小企业的范畴，如果以数量作为参照，则通常由企业管理从业人员数、资本金额、销售额、资产总额和市场占有率等绝对或相对指标构成，并使用其中的一个或者混用其中的几个作为认定标准。考虑到数量指标更具有直观性的特性，容易获取和把握，实际运用较为广泛。

联合国贸易与发展会议（UNCTAD）于1982年成立了国际会计和报告标准政府间专家工作组（ISAR）。ISAR在2000年7月发表的《中小企业导引》中将中小企业分为三类：第一类是微型企业，员工1～5人；第二类是小型企业，员工6～50人；第三类是中型企业，员工51～250人。

中小企业在美国统称为"小企业"，其涵盖的范围非常广泛，美国政府在1953年设立了小企业管理局，对无法从其他途径获得优惠借款的小企业提供长期资金援助。美国小企业管理局基于上述目的，制定了详细的分类标准，覆盖了 99% 以上从事工商活动的组织，其中将年营业收入、从业人员和总资产在一定数量以下的企业界定为小企业，如矿山、食品工业、运输业等从业人员不足 500 人，批发行业的经营者不足 100 人，零售业、服务业的销售经营净利润或总资产不足 500 万美元者为中小企业。银行业的小企业界定标准是资产在 1亿美元以下。美国小企业管理局的划分依据并非一成不变，在特殊状态下可以灵活调整。例如，1966 年小企业局将美国汽车公司（American Motors）认定为小企业，目的是为了让该公司获得政府招标项目的投标资格，而实际上该公司是美国为数不多的大型制造企业，员工32000 人。小企业局为此导入了一个非常罕见的规则，即在该行业不占支配地位的企业就是小企业。很明显，在此标准下，该公司成为合格者。如果仔细分析小企业局有关小企业的分类标准，可以看到多数小企业应当算是中型企业，如拥有 1000 名员工、年销售额超过 5000万美元的制造企业，这类企业是否应该划归小企业是值得商榷的。

美国现行的小企业界定标准已经明确，即雇佣劳动者人数不超过 500 人的企业是小型企业。在实践中，一些部门可以做出某种变更，如服务业中雇佣劳动者人数不超过 100 人的企业是小型企业，符合服务行业的特点。

2004 年 1 月，英国在公布了新的中小企业分类标准。小型企业的标准是销售额少于 560万英镑，财产合计少于 280 万英镑，从业人员少于 50 人；中型企业的标准是营业额在 2280万英镑以下，资产总额在 1140 万英镑以下，员工人数在 250 人以下；超过中型企业标准的则是大型企业。

在欧盟，微型企业、小型企业和中型企业占欧盟企业总量的 99%，合计为 6500 万人提供了就业机会。欧盟于 1996 年 4 月 3 日制定了中小企业标准（Recommendation 96/280/EC），从 1998 年开始执行。另外，还提议对成员国、欧洲投资银行、欧洲投资基金适用该标准，可以适用较低的标准。鉴于 1996 年以来经济发展的现状和中小企业规范应用的经验教训，欧盟对 1996 年的规定进行了修改，2003 年 5 月 6 日新标准（Recommendation 2003/361/EC）登场。本次修订对 1996 年标准中从业人员数量划分的规定保持不变，而对基于从业人员数量的销售额和总资产额进行了较大调整。具体而言，员工人数在 10 人以下、销售额和总资产在 200 万欧元以下的企业为微型企业；员工人数在 50 人以下、销售额和总资产在 1000 万欧元以下的企业为小型企业；员工人数在 250 人以下、销售额在 5000 万欧元以下、总资产额在 430 万欧元以下的企业为中型企业。

根据澳大利亚《公司法》规定，小企业的界定最少要满足以下两点：一是总资产在 500万澳元以下；二是销售收入在 1 亿澳元以下，员工在 50 人以下。而澳大利亚统计局针对小企业的定义则是：非制造业从业人员少于 20 人，制造业从业人员少于 100 人。根据加拿大国家企业管理者协会的规程，独立的私有企业员工不超过 20 人即是小企业。

日本的中小企业基本法规定，中小企业区分的依据是资本总额和员工人数。制造业总资产额 1 亿日元以下、从业人员 300 人以下；零售商业总资产额 1 亿日元以下，从业人员 50 人以下；批发业总资本额 3000 万日元以下，从业人员 100 人以下。

意大利也以企业从业人员的多寡作为标准来划分企业的规模大小。员工人数在 99 人以下者为小企业，100 ~ 499 人者为中型企业，500 人以上者为大企业。

从 1956 年 2 月到 1980 年 11 月，中国台湾省对中小企业的划分标准，进行了 6 次调整。依据 1995 年公布的新中小企业区分规则，企业注册资本或销售额低于 8000 万新台币（约 310 万美元）的，属于小企业。

世界各国设定的中小企业的区分标准，采用的指标和标准不尽相同，但有一个共同之处就是大部分国家使用了比较直观、容易掌握的指标（企业的资本投入额和容纳劳动力的数量）来作为中小企业的概念的区分标准。很多国家在设定数量标准上，严格限制企业的性质，其目的是保证中小企业的独立性，强调中小企业和大企业的子企业和控股企业的区别，对于国家制定培育中小企业的政策以及实施来说尤其重要。

（2）我国中小企业界定标准的变迁

我国企业类型的区分是以工业与信息化部、国家统计局、国家发展与改革委员会、财政部《关于印发中小企业划型标准规定的通知》（工信部联企〔2011〕300 号）文件和国家统计局《统计上大中小微型企业划分办法》的规定为依据的，包括行业门类、大类、中类、组合类，根据从业人员、营业利润、财产总额等指标和代替指标，分为大型、中型、小型、微型 4 类。关于中小企业的解释，大多数正式文件以定量的规定方法为主，很少有明确的定性规定。财政部在 2004 年发表的《小企业会计制度》中将小企业规定为"不对外筹集资金，经营规模小的企业，不含个人独资或合伙人等不具备法人资格的小企业。" 不对外筹集资金意味着不公开发行股票和债券。就量的限制方面看，1949 年以来，对中小企业的定义先后经过几次调改，归纳起来有以下几个相对重要的代表性阶段。

①第一阶段：将员工人数作为限定依据。20 世纪 50 年代采用的划分标准是员工人数（当初称作"业务人员"），500 人以下为小企业，500 ～ 3000 人为中型企业，3000 人以上为大型企业。

②第二阶段：按生产能力进行划分的限定。1978 年，当时的国家计划委员会发布了《关于基础建设项目的大中型企业管划分标准的规定》，将"年综合生产能力"作为划分企业规模的依据。1984 年国务院出台《国营企业第二步利改税试行方法》，建立了非工业企业的规模分类标准，主要依据的是企业的固定资产原值和生产纳税能力，主要针对的是工交、

零售、物资回收等国营小企业。如规定京、津、沪三市固定资产原值不超过 400 万元、利润不超过 40 万元者属国有小型工交企业。三市之外的标准为固定资产原价值 300 万元以下和年利润 30 万元以下。1988 年，当时的国家经济委员会等部门共同发布了《大中小型企业划分标准》，提出了特大型、大型企业（包括大一、大二两类），中型（包括中一、中二两类），小型共 4 种 6 类企业的分类方式。最初的中小企业多指中二类和小型企业。

③第三阶段：用销售额和资产来限定。1994 年我国开始了工商界缴纳增值税代替营业税的税收体制改革，以应纳税销售额为依据，对中小企业进行了粗放式分类。例如，年应纳税销售额在 100 万元以下的，是小规模经营者；从事商品批发零售的经营者，年应纳税销售额在 180 万元以下的为小规模经营者。1996 年 5 月又发布了《批发零售贸易业、对外贸易业、饮食业小型企业划分标准》，明确批发行业年销售额在 2000 万元以下，零售行业年销售额在 500 万元以下，餐饮行业年销售额在 200 万元以下者均为小规模企业。1999 年又再次对 1988 年的标准加以修订，按照销售收入和资产总额的主要指标进行分类，将企业分为特大型、大型、中型、小型 4 类。其中年销售收入、资产总额在 5 亿元以下、5000 万元以上的属于中型企业，年销售收入、资产总额在 5000 万元以下的属于小型企业。

④第四阶段：依据员工数量、销售收入和资产总额合计的多项指标，结合行业特性来限定中小企业的划分。由当时的国家经贸委、计生委、财政部和国家统计局联合发布的《中小企业标准暂行规定》（国经贸中小企业〔2003〕143 号）于 2003 年 2 月生效。这个新规定对中小企业按照企业的员工人数、销售额、资产总额三个指标为依据进行划分，并参考行业的特性，主要针对工业、建筑业、交通运输业和邮递业、批发零售业、住宿、餐饮业。如工业企业，员工人数在 2000 人以下，销售额在 3000 万元以下，或者资产总额在 4000 万元以下的被称为中小企业。中等规模企业务须满足员工人数 300 人以上、销售额 3000 万元以上、资产总额 4000 万元以上的标准。其余的则是小企业。

2.1.2　经济模式转变的影响

世界经济前进的进程分为三个时代：农业的时代、手艺人的时代、服务业的时代。在此过程中，服务业衍生出来第四个发展进程，但是至今尚未获得广泛的认知。[1]供应链体系合格的海外企业则已经对这个概念有了比较全盘的了解和认识。但是，国内经济发展仍以农

---

[1] B. 约瑟夫 . 派恩二世（B. Joseph PineII）和詹姆斯 H. 吉尔摩（James H. Gilmore）［美］在《体验经济 The Experience Economy》（夏业良等译，机械工业出版社，2008.5）一书中提出了第四种经济模式——体验经济的概念。

业经济、工业经济、贸易和服务经济的混合经济形态为主，国内很多企业生产的商业模式还不完备，因此对于体验经济的认识和接触还处于起步阶段。

如今，体验经济随着生产力的不断发展逐渐成为经济前进的必然趋势和产物。互联网络的广泛应用也成为一种推动因素，在其驱使下，体验经济成为真正的规模化经济形态。顾客需求从农产品到工业产品，继而到服务产品的变化，促使工业产品的设计师也必须通过设计的变更来满足新要求。制造商和设计师必须关注顾客使用产品时的体验。产品的本质是性能的体验，要把握客户的满意度，指导产品的设计。通常，许多产品开发的重点是仅考虑产品本身、内部技术细节或其外观形式，在体验经济下，设计师应更关心顾客使用产品的情况，包括使用时如何操作，使用期间客户的反馈。这些涉及情绪、心理、认知、技能经验等非物质概念。作为其载体的产品和服务形式，因快速化的社会生活和体验经济的发展而不断创新。

2.1.3 经济增长方式转变的影响

中国实现工业化、城市化和国际化的建设任务艰巨，国际贸易摩擦反复升级，对本国实体经济影响加深，市场需求萎缩，市场销路不畅。

国家发展和改革委员会的研究分析指出，我国一些产业所拥有的产品，处于国际产业分工体系的底端，有着规模大但产品竞争力弱的共通点，这也暴露了我国工业粗放发展方式等更深层次的矛盾，主要表现是生产能力过剩的矛盾突出，大型化和集中程度低、创新能力弱。即使没有国际金融危机和贸易纠纷，粗放式发展方式也不可持续。相关行业和企业遇到了困难，开始进行结构调整和产业升级，由此带来了国家的实力、企业的实力和市场配置资源能力的增强，充分提供了应对危机和结构调整的保障因素。

浙江省在地理区位上属于沿海省份，但资源却相对短缺。在国家战略部署规划中，对于浙江重工业的发展，并未在各地工业投资布局中给予很大的比重。改革开放前，国家对浙江省投资的人均值为 420 元，是全国投资最少的省份。但在体制创新和政府职能转变的推动下，私营经济蓬勃发展，国民生产总值年均增长 13.5%。

虽然浙江省的经济发展很快，但是浙江省工业企业经营管理的整体技术水准较低，工业生产增长总体上仍处于粗放型阶段。1990～2002 年，浙江省工业企业技术进步对经济增长的贡献率约为 34.96%，高于全国平均水平，但是与 20 世纪 60 年代欧洲发达国家的 60%～80% 水平相比存在较大差距。当前，浙江省经济增长的有利条件发生了巨大变化，土地、资金、能源、劳动力等生产要素价格大幅上涨，且高于全国其他地区。土地、矿产资源和生态环境对地区经济发展的限制效应进一步显现，经济增长成本上升。2018 年全年，规模以上工业企业每百元主营业务收入中的成本为 83.8 元 ❶，占比较高，需要加快转换生产经营方式和经济增长方式。

2.1.4　产业价值链地位

通过产品设计创建自营性品牌，提高商品附加值，企业拥有了自主知识产权，这对打造产业链核心具有重要的战略意义。工业发展竞争加剧，产品设计在产业价值链中的主导作用变得日益显著，在欧美等发达国家产品设计已经成为获取重大商业机会的强有力手段。

浙江所在的长三角地区制造业发展迅猛，建设先进制造业基地和对接国际产业大市场离不开产品设计。世界间的高阶竞争手段是发展高端产品，这样才能拉开与竞争对手的差距。产品价值包括技术含量和设计含量，竞争水平越是走在价值链和产业链的前端，产品设计的作用就越明显。❷目前，在原材料、技术、设备、信息等生产要素变得日益全球化的趋势下，企业生产的产品同质化倾向进一步明显，产品设计的作用越来越重要。据日本的一项调查显示，产品设计在产品差异化、国际化、提升附加值及提高市场占有率等方面作用达 70%以上。首先根据美国工业设计协会的调查，如果企业在产品设计上投资 1 美元，销售收入就会增加 2500 美元。❸其次，打造制造业核心竞争力必须重视运用产品设计。设计是知识经济，是文化生产力。技术的发展使企业长时间拥有技术秘密的可能性日益降低，生产同质化产品的周期越来越短，而产品设计是投入相对较少，但却能创造以人的需求为核心的附加价值，获得巨大经济效益的方法，因此，产品设计早就成为争夺优质市场的高层次竞争中最富于变化的秘密武器。最后，作为先进制造业的标记之一的绿色制造，其中的绿色设计是现在国际设计的重要内容和发展方向，是人类可持续发展、创造高质量生存环境、享受健康生活的必然要求。因此，建设先进制造业，应将制造业企业内部提供的生产性服务活动垂直分解（noyelle，1988）并实施外部化，把产品设计和开发、内部运输、采购等活动外包给生产性服务企业，而把重点放在自己的核心业务上。通过将企业内部的非核心服务业等经济活动外包给专业厂商，不仅可以提高自身的核心竞争力，同时也可以发挥现代制造业和服务业的桥梁的作用，促进产业链的发展。

然而，国内的现实是缺乏相应的产品设计社会评价体系。整个社会对设计的认同度相对较低，缺乏必要的社会环境，这主要体现在以下几个方面。

---

❶　2018 年浙江统计公报，2019.3.
❷　民进浙江省委会 2003 年度调研报告《积极发展工业设计 提高我省制造业竞争力》（〔民进浙江省委会〕2002-2007 参政议政成果集萃 2007.4）.
❸　工业设计成为了企业发展的新动力，浙江在线，2008-09-23.

（1）政府对产品设计的关注度有待进一步加强

国际上除美国以外，产品研发都由政府推动发展，而美国借助强大的知识产权体系从成果保护上切实有力地支持了产品设计。据调查，上海由经委分管，北京由科委分管，广东更是经委科委都参与管理。北京于1992年成立了市府工业设计专家顾问组，制定了到2010年的工业设计远景规划，并投入巨资进行推动扶持；上海则由经委下属的上海市工业设计促进会组织专家组评审中小企业上报的工业设计项目，对设计含量高并投产上市的设计成果从经委专项经费中发给政府补贴，鼓励企业积极运用设计。浙江省尚没有直接的政府部门分管工业设计，而类似京沪粤等12个省、市建立的向社会宣传普及的工业设计促进中心也尚处于起步阶段。

（2）社会对产品设计的认识和接受有待进一步提高

大多数中小企业从仿造零件起步，掌握关键工艺后开始规模仿造，形成区域制造群，竞争力来自于质优价廉和高度分工的集团作战，创造了辉煌业绩。但由于该体系很少涉及创新，因此对"设计出效益"缺乏认识。如对耗资巨大的广告和促销习以为常，而对费用相对较少的设计却大多简单理解为"画画样子"。

（3）产品设计研发体系尚不成熟与完善，不利于培育设计产业

目前暂时还难以形成以产品设计为主导的生产性服务产业，但如果因此不抓产品设计而丧失其对产业的驱动作用，则发展现代制造业和生产性服务业的优势将被削弱。

（4）针对产品设计研发的相关产业政策尚不完善，资金扶持力度不足

需要加快研究步伐为快速发展的企业提供服务，同时需要政府对产品设计研发的扶持和投入。

提升产品设计研发在企业发展中的权重是中小企业转型升级的关键因素，而实现这一战略目标则必须充分认识到企业现实能力的提升具有循序渐进的特点，即提升产品设计创新能力不能脱离实际。目前大多数中小企业的产品设计原创能力尚不具备或不足，其设计能力的提升应遵循辩证法"否定之否定"规律，循序渐进地发展。

2.1.5　创新能力分析

（1）国外中小企业创新经验

①英国政府支持中小企业创新的基本策略 [1]

英国政府不仅认为中小企业在国民经济中占有重要地位，而且还认为中小企业更富有

---

❶　魏磊．英国政府支持中小企业创新的基本做法与启示，新西部（下半月），2008，（3），246-247.

活力和创新精神，勇于投资于突破性创新，是技术创新的重要力量。为此，英国政府对中小企业十分重视，将扶持中小企业发展作为国家创新战略的重要环节，不但成立了专门的中小企业管理机构——中小企业服务局，而且采取切实措施支持中小企业的创业和发展。

A. 以政府采购的形式推动中小企业进行产品研发

英国政府制订了小企业研究计划，目的是提高小企业获得政府研发合同的成功率，增加小企业的市场规模。根据这项计划，政府总额达 10 亿英镑的研发采购计划均向小企业开放，以期小企业拿到其中 2.5% 的份额，即 5000 万英镑的研究经费。

B. 以税收优惠政策扶持中小企业产品研发

为了鼓励中小企业投资于研发，英国政府实行中小企业投资研发减免税收政策。该政策规定，年营业额少于 2500 万英镑的中小企业，每年研发投资超过 5 万英镑时，可享受减免税收 15% 的优惠待遇。尚未盈利的中小企业投资研发，可预先申报税收减免，获得相当于研发投资 24% 的资金返还。英国贸工部联手皇家税务局推出研发税收信贷计划，只要企业每年用于创新研发的纯投资超过 1 万英镑，便可申请税收减免优惠。爱丁堡各科技园区的大多数企业均从中受惠。这些政策受到了英国企业界的普遍欢迎。

C. 为中小企业的创新提供各种便利服务

例如，为了提高中小企业的技术创新能力和竞争力，确保中小企业能够有效地利用知识产权制度，英国政府开展了旨在提高知识产权保护意识的计划，为企业知识产权顾问提供培训。还有为中小企业启动"商业链接"服务项目。"商业链接"是英国促进企业前进，成为全球最大和最佳创业地区的最重要计划。"商业链接"为创业企业提供"快车道"式的服务，帮扶企业人才培养项目、制定明确的商业计划和营销策略。这个计划是各地方发展署在国家统一框架下执行的，在管理责任上下放到地方，保证全国服务的一致，并与各地需求相结合。英国政府提供的"商业链接（Business Link）"服务对 3000 多个小企业进行了相关的调查，调查结果显示，利用该服务的小企业业务增加，员工数量增加，每年贡献英国经济 7.5 亿英镑。英国政府只要在"商业链接"中投入 1 英镑，企业经营者的业绩就会得到改善，经济上将会有 2.26 英镑的额外收益。

D. 政府制定科技政策注重倾听中小企业意见

例如，在制定《英国 10 年（2004～2014）科学与创新投入框架》时，英国贸工部、财政部、教育与技能部三个部门的部长和有关官员与著名企业、科研机构举行多次咨询会议，听取他们的意见和建议。

E. 科技创新重实效抓落实

为促进企业和大学的密切合作，要求大学和企业联合申请国家和局部创新项目。为促进企业和社会对产品创新的投资，首先对公共部门、民间部门和慈善机构对创新投资的原则和利益分配机制进行规范，实行研发税收减免政策。为向海外推广和合作应用技术，在贸工部设立了国际技术局。对公司财务、法律和企业管理也需要依靠第三方协助的初创企业，提供完善的社会服务，为其提供会计、法律、企业发展计划、产品营销方面的咨询和策划，技术、资金、人才等方面的信息。在贸工部、大学、地方开发署、技术转移中心等制订了内容丰富的工作计划、技术发展报告、技术转移和资金信息。为协调跨部门创新政策，在9个主要政府部门设立了首席科技顾问制度。为使知识转移和促进地方经济紧密结合起来，中央政府的权利下放到各地区的地方开发署。为了保障创新战略实施的有效性，邀请企业界人士担任技术部门以及各部门及各专门委员会的重要职位。为掌握中小企业各种战略的实际执行效果，聘请第三方专家对政策执行加以评价。

②英国对中小企业的扶持政策 ❶

中小企业在英国就业和经济发展中的作用至关重要。根据英国官方统计，员工人数在100人之内的中小企业涉及英国绝大多数产业，为英国创造了1000万个工作岗位。中小企业的员工人数约占英国企业员工总数的50%，企业效益占除金融业以外的全部国民生产总值的42%。鉴于中小企业在英国国民经济中的重要功能和影响，英国政府十分重视中小企业的发展，为它们创造了有益于发展的经济环境。无论在宏观经济决策，还是具体法规的制定等方面都体现了扶持中小企业的决心。

A. 在组织设立方面，设立联合主管部门，制定和执行促进中小企业的政策措施

英国政府在20世纪60年代末，由工党内阁设立了中小企业调查委员会（也称波尔顿委员会），经过两年多的调查研究，委员会向政府提交了报告书，提出了发展中小企业的基本措施和政策主张。这是英国政府制定中小企业法律和政策的重要依据，对英国中小企业的未来发展具有重要影响。在政府贸工部内设立了创新局，组织实施创新计划，并从企业借调高级管理人员协助实施，主要工作是对英国的创新能力进行调查、在大学和商业学校开设技术管理研究生课、与企业或其他机构建立广泛的联系。英国政府成立了"进一步完善监管领导工作小组"，旨在提高企业监管的透明度，实现可靠周到、有针对性、有连贯性和均衡性。政府有关部门在互联网上开通"直接通向政府"主页，提供包括1100多个文件的企业监管指导，以及各种报表，使企业可以方便、快捷地在本地"一次性"办理完成政府要求的有

❶   王德侠．英国对中小企业的扶持政策及启示，经济师，2007，（2），196-197.

关审批监管手续。目前，工党内阁执行的宏观经济政策，除在出资、股份占有、税赋的简化、促进竞争、科技应用及商业激励等方向倾斜外，对中小企业的设立及发展也作为根本起点加以重视。英国政府对中小企业发展的总计划，是政府各部门努力参与，提供更稳定和长期增长的基础环境，鼓励资本投入和生产效率的提高，并掌握适应未来需求的新知识和新技能。

B. 在税收优惠方面，帮助中小企业降低成本，制定中小企业享受税收优惠的政策

在英国，税制优惠是政府对中小企业的径直资金援助，对中小企业资金积累成长裨益良多，解决了中小企业前进的大难题。英国政府在财政法案中提出企业扩充计划，通过对投资者大幅度减税，鼓励人们投资创办小企业。根据计划，创立小企业的出资人，其投资额的 60% 免税，年免税的最高限额为 4 万英镑。此外，政府规定对新办的小企业，全部豁免资本税，并实行第一年免税额削减到 75%，第二年削减到 50%，以后每年的免税额为 25% 的政策。公司税从 38% 削减到 30%，印花税从 2% 削减到 1%，减税起点从 2.5 万英镑提高到 3 万英镑，取消投资收入税和国民保险附加税。1997 年爆发的亚洲金融危机，引发了一场波及欧美的金融危机风暴，英国自然也难逃厄运。为扼制经济增长趋缓的势头，刺激经济的发展，英国政府除了废除预交公司税外，还削减了中小企业 10% 的税额。

C. 在资金支持方面，加大财政资助力度，提高中小企业竞争力

由于中小企业规模小、实力弱、资信差，所以在竞争中常常处于劣势，并普遍存在融资困难的情况。针对这种情况，英国政府加大了对中小企业发展的资金援助力度。英国政府认为，中小企业应该从商业银行和金融市场提供的各种金融商品中获得资金，但政府在必要时应该向企业提供一定的支援。英国政府勉励中小企业前进的一个重要途径是为中小企业提供具体、现实的财政合作，为资金来源问题比大企业更难的小企业解决投资发展问题。从 20 世纪 80 年代开始，英国政府实行"小企业信用保证计划"，向因缺乏信用而无法贷款的小企业提供贷款保证。此类贷款的最高限额是 10 万英镑，偿还期为 2 ～ 7 年，贸工部为借贷人向银行担保，如借贷人不能偿还债务，贸工部将按 2.5% 的利息偿还债务款和利息的 70%。通过该计划得到贷款的企业每年须向英国贸工部按 2.5% 的年保率交纳保费。到目前为止，政府已为小企业提供了 62000 项、总值 21 亿英镑的贷款，现每月仍提供 400 多项这样的担保。英国政府还很重视近些年快速增长的非正式资产市场和风险投资在小企业前进中的作用，特别关注向高科技小企业提供财政援助。政府各部门与银行等出资机构合作，设置了对中小企业发展有益的专项政府优惠贷款，如"精明""事业开创"等各项政府基金或优惠贷款，分别针对新创立的小企业主、进行技术革新的小企业主、创建自己小企业成为

自我雇佣者的失业人员等。

D. 在市场开发、服务方面，协助创造商业机会，开拓国内外市场

通过向中小企业提供咨询、信息和技术培训等服务，推动中小企业的技术创新活动，这是英国政府的成功经验。随着全球信息产业的发展和信息高速公路的建设，英国政论充分运用高技术手段，为中小企业提供更便利的信息、咨询服务已成为成本低、见效快的重要手段。由此可见，英国政府在建立创业基金、提供信息服务和协助企业拓展海外市场等方面采取了一系列行之有效的措施。此外，由于英国的国内市场已经饱和，为扩大中小企业生存空间，英国政府积极帮助中小企业拓展海外市场，如协助中小企业与驻在国商界建立联系，筹办各种类型的贸易博览会，组织经贸团出访，举办经贸研讨会等。

E. 在员工培训方面，重视抓好中小企业技术人才，提高中小企业竞争能力的教育及人才培训工作

人是生产力中最活跃的因素，信息的获取、分析、产品的开发、生产的运行、技术革新、企业管理等都离不开人，影响中小企业发展与成功的最重要因素是人的素质和水平。正是这一原因，英国政府积极帮助中小企业培训人才，注重人才资源的开发，为中小企业奠定坚实的人才基础。英国政府设立了"小企业训练贷款"，用于公司员工的培训开发，其上限为 12.5 万英镑。英国中小企业的培训工作以前由教育科学部负责，现在由人力服务委员会专管。该委员会制订了一整套培训计划，在伦敦、曼彻斯特等地的五所大学的经济学院开办培训课程，每门课程讲授 16 周，进行两年的全日制教育。另外，英国开放大学的经济学院还通过电视和广播向小企业的经理讲授课程，提高他们的经营理念，增强他们的经营水平。

F. 推崇立法保护，保障政策稳定性和连续性

英国对中小企业的扶持注意法律的保护，这也是英国政府引以为自豪的地方，通过立法保证了政策的稳定性和连续性。根据该法律，被拖欠者可以要求拖欠者（包括公共事业部门和大企业）支付利息。英国政府为保护中小企业从 20 世纪 80 年代至今已出台 200 多个法案。

③实例：英国生物技术与生物科学研究委员会（BBSRC）❶项目资助（图 2-1、图 2-2）

A. 研究与技术俱乐部项目（RTCs）

---

❶（英）AdamWebb. 中小企业行业奖学金计划：英国经验，世界银行：创新促进发展国际研讨会，2009.5.

总体框架

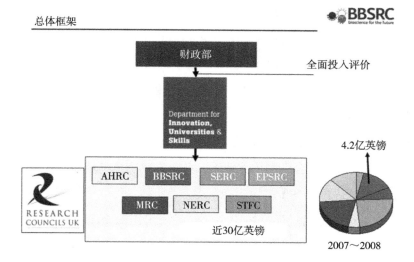

图 2-1　BBSRC 经费投入总体框架

支持科研单位与企业开展合作研究

企业团体支持其战略重点领域的
高质量创新研究

图 2-2　BBSRC 支持科研单位与企业开展合作

　　表现特性：a. 企业管理者选定相关研究对象；b. 提供"全盘"资金（BBSRC[1]/ 企业）；c. 各企业成员按比例（根据企业规模）分摊会费；d. 研究机构应要求提交建议书；e. 俱乐部领导小组（研究人员 & 企业家）评价建议书；f. 管理、联网并推广（在 TSB 的支持下利用 KTN 网络）；g. 培训（针对俱乐部研究领域提供奖学金）。

　　B. 饮食和健康项目（DRINC）

　　研究保健食品中生物活性元素及改善健康饮食观念。本项目资金超出 1000 万英镑（其

---

[1]　BBSRC：（英）生物技术与生物科学委员会.

中 100 万英镑是企业出资），EPSRC 和 MRC 也提供资金。运营时间在 5 年以上，共有 15 家企业参与（Britvic、吉百利、Campden BRI、可口可乐、丹尼斯克、Danone、葛兰素史克、Leatherhead、Marks & Spencer、NABIM、雀巢、百事可乐、Sugar Bureau、联合利华、联合饼干）。共计资助了总值达 400 万英镑的 9 个项目，并提供了 10 项博士奖学金。

C. 人员和知识流动及商业化开发

借助人际交流激励研究组织和企业间的知识信息互换，使双方认识到企业和研究组织的互动可以为未来缔造久长的合作和伙伴关系，并且鼓励和支持科研成果商业化。

④荷兰中小企业创新券（CPB）❶

A. 发展中小企业创新能力；促进中小企业和科研组织的交流、联系，将更多的研究组织转换为需求指向的运作模式（Angrist 等，2006）

B. 创新券制度（试点）

该创新券是信用票据形式，最高额度为 7500 欧元。中小企业无须出资，但必须是中小企业才能使用。资助应用型研发项目，应用范围是事先规定的几个研究机构的内部，有使用期限且不能转让；如果需求超过供给，则适用彩票募集。资助项目的课题和技术水平没有限制，但应为以下应用领域前三名的公司：工程公司和建设公司（其他商业服务，25%），批发（10%），计算和信息技术服务（10%），公司和研究机构的互动情况（85%），合同委托（45%）。

C. CPB 评价（表 2-1）

近 10% 的创新券未能促进企业和科研组织的相互作用，只稽留在前面的项目上。创新券的显著和连续影响尚无法确定。缺乏更多互动的显要因素有：未有新知识事件出现或新的研究问题产生，但内部研发替代外部研发的情况比较明显；应用外部科研组织成本过高；研究任务的预期回报低和商业秘密问题。从对创新产出的影响方面看，创新券对工艺改进有较小影响，对新产品、产品改进和新工艺无显著影响，对销售额的影响尚不清楚。

中小企业自有资金投入不多，从外部取得资金是其关注的重点；高校帮助中小企业的热情不高，不关心知识问题的水平和规模，发表科学文章是其关注的重心。

❶　（荷）Marc van der Steeg. 中小企业创新券：荷兰的经历，世界银行：创新促进发展国际研讨会，2009.5.

表 2-1　CPB 创新券试点评价

知识问题目的	2004	2005
产品创新	60（％）	59（％）
过程创新	34	27
产品与过程创新	6	14
知识问题特点	—	—
技术	81	85
非技术	9	12
创新过程阶段	—	—
基础知识开发	8	6
产品或过程设计	54	57
生产阶段	30	26
商业化阶段	8	11

（资料来源：（荷）Marc van der Steeg. 中小企业创新券）

⑤意大利家族企业与工业区 ❶

意大利虽然是西方七大工业国之一，但它与其他工业大国的前进模式不同，是一个以家族式中小企业为主要骨干的工业化国家。中小企业对意大利资本主义的前进起到了决定性作用。第二次世界大战后，意大利经历了高速的工业增长时期，取得了名满天下的成就。在这一进程中，"经济奇迹"的神话与家族资本主义的前进路径相辅相成。正因为如此，在经济全球化和高技术快速发展的年代，具有意大利特色的中小企业发展能否在新形势下续写辉煌，近年来备受意大利社会各界的关注。

A. 中小企业在意大利社会经济中的作用

据统计资料显示，近年来，中小企业对意大利的经济繁荣做出了最坚实的贡献，特别是在生产和就业方面，中小企业明显高于大企业。

中小企业对经济增长的功绩：意大利统计协会统计，意大利中小企业的销售额和增加值占工业企业的 70％ 以上，其中小规模企业尤其明显，而 5 人以下的企业销售额占工业企业销售额的 52.4％，增加值占 55.8％。职工人数在 500 人以上的企业则各占 29.9％ 和 28.2％。

中小企业对劳动就业的功绩：在欧洲范围内，中小企业在意大利比其他地区重要得多，同时这一现象仍然高发。意大利统计局进行的工业普查显示，在过去的几十年里，在意大利，员工少于 100 人的企业对就业的作用是显而易见的，在这些企业就业人员所占的比例从

❶ 江建云. 意大利中小企业及其创新研究，湖南科技大学学报（社会科学版），2007，10（5）：61-65.

1971 年的 61.6% 上升到 2001 年的 72.0%，大型企业特别是 500 人之上企业的就业比例明显下降。意大利企业的经营独立性很强，在欧洲（希腊除外）有较高的自我就业（Self-employment）比重，在全体就业中所占的比重平均为 23.6%，而欧洲整体为 13.6%，德国、法国、英国约10%。就业对社会和家庭的稳定起到了积极作用。

中小企业对出口的功绩：尽管出口能力与经营者的规模有关，但中小企业对出口的功绩依然显著。微型企业中有 14.2% 为出口型企业，而从业人员数量在 10～19 人的企业为 38%，从业人员数量在 100 人以上的企业为 80%。员工人数在 10 人以下的企业出口占整个意大利出口的 11%，相当于员工人数在 50～499 人的企业的出口额。拥有 500 名以上员工企业的出口份额占有率高达 31%。

B. 意大利中小企业及其创新活动特点

意大利是"家族式中小企业管理者的国家"，其显著的特征是灵活的网络组织和专业化的产业集合（工业区或产业集聚）。

（A）意大利中小企业形成的背景

意大利并不是独一无二的由中小企业主导工业的国家，也并非是家族企业最流行的国家。根据"家族企业研究所"的统计，在全世界范围内，有 80%～90% 的企业由家族控制，意大利 83% 的企业是家族经营的中小企业，仅为国际平均水平，而意大利是因为何种原因被称为家族资本主义呢？显著的原因是近代意大利工业化历史，这段历史显示了 20 世纪 70年代石油危机后有限公司纵向整合的快速倒退和新的小生产者模式。20 世纪 60 年代末期，意大利也追求一种流行时的工业增长模式——垂直一体化和规模效益，这导致企业平均规模不断扩张。但是，随着 1971 年金本位制结束后浮动汇率制度的开始和 1973 年石油危机后能源价格的倍增，公司规模的扩大停止了。在 20 世纪 70 年代末期，为了应用信息技术，企业寻求原料、能源、劳动力的最小化，减少库存，向"实时"（Just-in-time）生产方向前进。另外，大企业（多为国有企业）进入壁垒多，固定成本高，小型商业企业专门从事意大利传统的半手工工艺品出口产品领域，这些商业企业开办的成本相对比较低，生产需求弹性大，企业组织安排存在一系列有利因素：较低的运输成本，容易储存，商品生产的最后阶段容易适应市场等。最紧要的是，意大利的中小企业在前进的过程中取得了显著的成果。

（B）中小企业组织网络化特征

那些已经获得成功的小企业采用经济上的积聚规模来挽救自身经济规模的局限性，这显然得益于企业间的网络关系。这类关系可以有多种多样的形式，部分是合法的，这些关系决定着企业间劳动力分配的稳定与否。因此，生产流程是企业间的专业整合，企业仍然是独立的，没有统一的方向和控制。工业园区、供应链、团队、战略联盟、合作文件等，都是企业间合作和融合机制或其他相互依赖的组织形式。这种新型的组织模式是工业革命基本特征的优化：产业链由大量小的独立的工艺生产人员组成，生产者之间相互紧密联系，同时与地方机构都有亲密的关系（lazerson, 1995）。无论企业合作采用什么形式，这种产业集群的显著特征使它们比独立的小企业强得多。这种现象在销售、人员、出口等方面得到了验证。例如，根据 Uoioncamere-Tagliacame 的调查，企业集团和工业园区所属企业在创造工作岗位方面优于独立企业，隶属于企业集团的 30.1% 的微型企业报告说增加了人员。20.9% 工业区企业和 19.22% 的微型企业也有同样的报告。园区产业集群内的成功企业的特点是小企业与地区各要素共存，企业与地方社区结成紧密的网络关系。同时，地方也有诸多有利于区域内商业活动的因素（如知识技能、市场通道）。工业区内的企业可以获得小量的规模利润，也就是说，企业可以实现一定程度的比较效益。与大企业相比，它可以避免经营成本的增加。"区域内的小企业受益于地方的整体经济条件，包括信息交易成本、职业培训、技术传播和问题的解决等"（Istat，2003）。区域内的小企业虽然没有大企业那样的经济实力，但在某些情况下，区域内的小企业会更强，更富有弹性。企业间实现关联的一种正式的组织形式是企业集团。据意大利统计协会统计，意大利约有 5.2 万个企业集团，包含 12.3 万多家企业，雇佣了 470 多万人。尽管企业的数量不多，但企业集团占意大利商业销售额的一半多，员工占比 44.7%。约 80% 的企业集团只包含多于两个企业（其中 36.6% 的集团只有一个企业）。60% 以上的集团，一个企业的平均职员人数在 9 人以下。与此同时，在集团内活动的企业增加了，集团规模也随之扩大了。在由 3、4 家企业组成的集团中，50% 以上的集团每家企业的职员数少于 10 人，而 32.7% 的集团每家企业的职员人数为 10 ~ 49 人。由 5 个企业组成的集团和更大的集团，企业规模常分为两类，员工 10 ~ 49 人和员工 50 ~ 249 人。根据 Unioncamere-Tagliacame 的研究，集团所有制（Ownership group）是中小企业的一种成功的组织形式，平均而言，属于企业集团的小企业的销售量比工业园区的企业更多。正如集团组织安排是统一的一样，企业间协作通常也只达到一两个企业数，多是同一区域的。大约一半（整体上是 48.1%，微小企业是 53.2%）的企业与一家企业有合作，39% 的企业与四家以上企业签订了合作协议。不管怎样，这些企业的销售很大程度是通过合作达成的。在这些企业里，至少 90% 的营业额来自发展合作方的关系。

（C）中小企业管理模式

中小企业，特别是它的第一代，创业者既是老板，又是经理，也是生产劳动者。所有权和企业管理之间可能没有利益冲突，这是小企业的强项。决策链的缩短可以加速决策和执行，有可能转化为较大的弹性和具有修正的可能性。避开内部矛盾和直观的实施让小企业经营者抓住机会，纠正错误，迅速适应需求变化。中小企业主掌握了集权的领导能力，取得了显著的成果，不需要代表任何利益。中小企业主周围有文秘、会计师、经理，掌握着企业主的家庭和个人事务、企业所有的会计秘诀和财政状况、经营者本人的经济状况等。

中小企业具有创业者和企业的一致性，在企业刚诞生，发展有限的时候具有优势。若创业者上了年纪，易导致企业无法成长。当经营的范围和组织扩大的时候，企业管理的透明性变得更加重要。当需要注入新资本、吸收新伙伴、进入新市场的计划则暗示着组织和责任分配会变复杂，这时企业需要透明的管理模式，所有权和管理权要区分清楚，权力的代表性要真实而不是表面的。

（D）专业化工业区发展动态

意大利工业园区并不是近年来出现的，1951 年已有早期工业园区，拥有约 36 万工人，约占制造业总就业人数的 10.3%。与此同时，区域发展的主要模式是中小企业同一产品生产链条上形成的区域体系形式，工作组织基于区域范围内的交换。这种倾向迅速提高了工业园区的重要性。1971 年有 166 个工业园区，从业人员超过 100 万人。1991 年，工业园区的职工人数增加了 70 万人（超过 170 万人）。1996 年，工业园区企业占总数的 28.5%，就业人数占到 30.9%。2000 年，意大利工业区的中小企业就业人数约占中小企业就业人数的 1/3，约占除建筑行业外的工业就业人数的 30.9%。2001 年，意大利有 23.8 万个地方制造业生产部门，就业人数超出 200 万人，占意大利全部制造业就业人数的 45%。工业区生产部门的就业规模为 9.3 人，明显高于平均水平 8.3 人。但是，工业区最近发展的模式并不理想，意大利的这些地方产业曾经经历了转型，其基本结构和知识获取与分享方式也发生了变化。工业区目前面临不断加剧的经济全球化问题。1960 年至 1980 年的长期发展和扩张后，意大利许多工业区已经经历或正在经历一个转型时期。最近的研究表明，意大利工业区正在经历一种基本的变化，主要是网络结构和他们的学习和创新途径。总的来说，工业园区已经有这样的市场倾向：越来越少的企业聚集（水平和垂直）以及较少的地域性企业内部联系。意大利的许多工业区比以前更广泛地和世界接轨。例如，在工业区以外设立子合同用户和服务提供商的情况正在增加。通过本地合并或跨国公司的直接投资和收购已经出现了大型龙头企业和企业集团。工业区的发展差异很大，不能遵循相同的发展轨迹。第一个地区发展轨迹提示了许多急剧的变化，类似于"以自给自足的以企业为基础的生产秩序"（Autarkic finn – based industrial order）。大体上说，地区发展的第一种模式是：许多小的、专业化的企业参与很强的国内竞争和合作，然后进入国家层次，即少数有继承性的组织，大的龙头企业和真正有供应链操纵权的工业区。这种合并导致工业区企业力量的平衡被打破，或多或少消解了过去平等伙伴之间唯一的竞争与合作关系。结果是这样的工业区大大失去了经济关联。考虑到顶尖企业的出现，竞争受到限制，进入壁垒增加。第二种形式是地区发展路径，即龙头企业发挥作为其他中小企业通往世界市场和外部资源的桥梁作用。这种发展模式中，龙头企业带给工业区其他企业全球化的好处，包括外部知识的迁移（综合能力的获得），更多的交易机会（潜在市场的扩大和世界市场接口），更好的分布路线（与外国的关系构筑）等。来自海外的龙头企业起到了"外资桥梁企业（Based on – terprises）"的作用。跨国企业不光带来资金和市场管理（地方小企业的不足之处），还可以供全球市场通道和综合知识。第三种发展模式是雅各布外在化（Jacobs，1968，1984）。外在化表现在城市局部，具有大规模的经济结构和复杂的环境。在此发展的过程中，许多中小企业所在地区的网络组织会巩固和切实加强；这降低了其市场进入门槛，增加了获取资源的其他有利条件，全球化扩大了地理市场，增加了市场的多样性，深化了劳动分工，构筑了地方企业与外部的联系。

C. 中小企业面临的主要问题

小企业的生产结构具有某些先天优势。小企业富有灵活性，可以对生产要素的变化做出快捷的响应；决策链简单而直接，从企业主到员工能及时监视和消除内部的不协调；企业主和他的供应商、客户之间的反复接触，可以对外部环境的变化做出迅速的反应等；但同时也面临着如下的一些问题。

（A）经济全球化和高新技术产业迅速发展的挑战

意大利的经济构造中有几个主要特征，如增长急剧下降、竞争力减弱、技术落后等。过去 10 年，意大利经济持续下降：20 世纪 90 年代 GDP 平均增幅是 1.9%，而 60 年代平均为 5.7%，70 年代平均为 3.6%，80 年代平均为 2.2%。然后，特别在最近数年，竞争力下降更为显著，意大利产品世界市场的份额下降，尤其是高技术产品的出口，意大利维持在 8% 左右，而其他领先的工业国家持续上涨，德国从 12% 上升到 15%，法国则从 20% 上升到 25%，美国从 26% 上涨到 30%。由于技术上的显著落后，意大利和欧洲的其他发达国家以及日本、美国的差距正在扩大。一个明显的例子是，公共和私人研究的投资少，信息和通信技术的投资少，专利的数量少。在过去 10 年间，意大利传统出口产品的主要专业方面未有削弱或不明显，特别是意大利经济在传统产品出口和工程机械方面仍然占有主导地位，部分小生产活动明显存在；但在高新技术领域已经失去了市场份额，如电子产品、精密仪器和汽车发动机等。意大利在皮革制品、纺织机械、服装、工程机械、非金属矿产品（建筑产品链的部分）、家具等方面仍具有高度专业性。这些产业主要由中小企业构成，以低技术产品的生产为主。

（B）科技投入的相对不足

正如意大利银行总裁 Antonio Fazio 最近观察所见："这几十年，小企业对意大利经济的发展发挥了决定性的作用，只是其不完备性正在使增长力减弱。创新是要求实质性的原始投入的，此类投入是大企业以及中小企业联合体才可能负担（Banead Italia, 2002）。要探索中小企业薄弱因素的本源，有两个指标可以表征（来自意大利统计协会 2001 年的调查及产业和服务业中期调查），即各类型企业投入 R&D 和人才培养的比例。极少数公司有 R&D 支出（至少在 100 人以下的公司是如此），在人才培养上公司投入的比例也非常低，在 100 人以上的公司也是如此。某些地方对中小企业的转型也给予资金支持，但主要是针对产品质量和生产技术，对 R&D 活动的资助并不多。

（C）企业成长的环境有待改善

小企业在寻找发展的外部环境时，并不意味着一定要有更多的员工，而是要掌握越来越有利的外部环境刺激，这样才能促进企业规模的扩大，使其充分参与全球化的市场竞争。在当前环境下，（除去其他要素）所谓的外部环境表现是指金融、税收、公司法、大学系统。金融是规模和组织成长的要素，当企业的扩张是通过管理者自有本金和创业者的财产抵押贷款来进行时，则其成长必定是有限的，企业仍保持着个人的特性。当运用金融手段增加了企业的风险投资资金，有利于其他参与者进入时，企业规模将会有比较大的扩张。此时，企业本身将创造更复杂的组织，该组织内部会建立一个管理机构，负责应对各种各样的任务，由具有经验的不同人员组成。直到这时，才真正划分了控制和管理的职能。在这方面，意大利私有股份基金（Vate Equity Funds）的构筑开始影响这种情况，支持世代交替，这可能促进企业成长和意大利商业企业的延续。私有股份基金具有较短的时间范围，有一种促进投资企业增长的方法（途径）是向基金提供税金优惠，基金投入者能获得长期分红。另外，税法也应该对企业的合并提供持续性的利益，使投资人留在（追加）公司的资金得到一定程度的回报。一种类似的方法是股票交易上市，这会实现最大可能的税赋和法律激励，尽管企业上市和经营增长之间并没有明确的联系。意大利有几个上市企业的实例，他们仍然是以家庭为基础的模式。一般来说，税收应对资本规模增强有利，过去许多年采用了特惠税赋双轨制（Dual Income Tax），使用了非常复杂的体系，整体上减少了公司的负担。在债务上，公司增加了股本资金（Equity Capital）。公司法促进了企业结构的改善，也有益于企业的成长。近年来，意大利公司法进行了重要改进，包括上市公司（the Draghi Law）和一般企业（the Vietti Law amendingthe Civil Code）。鉴于好多条款内容新颖，今日的需求并不是做更多的更新换代，而是很好地采用这些法例，以便监测和评估它们的功能。另一项重要举措是修改破产法，现在使用的这个法不利于很多企业的转型。迅速整理债务才是更好的方法，也有助于市场秩序的恢复。

还有一点就是大学的平台起着非常重要的作用，它既是教育机构，也是科研机构。企业的成长和超越其家族的发展轨迹，暗示着经过大学系统教育的熟练技术人员可以进入企业，科学家的基础研究可以应用于合作。企业的经营不可能仅仅遵循小手工工匠的轨道，或者仅仅是基于高定价的交易来获得品牌的成功。规模的扩大和创新作用是交替联系在一起的，这是企业与大学紧密合作的先决条件，并促进高校的努力，为企业技术采购和基础研究提供创新解决方案。此外，通过这一途径，公共资助研究的利益能够回归社会。

此外，金融工具与税收良好的结合促进了高校和企业间的合作，可以为意大利产业结构优化助力、摆脱传统的家族体系的生产方式。一般来说，国家的经济法规可消减部门化和专业化，逐步层级化，使所有企业逐渐地进入法规，有助于消除专有化、资格证书、注册、关税等带来的障碍，这些障碍使许多企业停留在工匠和个人活动的范围内。

（2）其他国家及地区的经验

①加拿大：战略与创新门户网

该门户网于 1996 年由加拿大工业部设立。将高等学校、公共实验室、联邦及市级组织与企业等联结起来，提供包括商业职能、融资、人力资源、产品开发、市场营销、知识产权和研究服务等诸多信息，有与创新相关的分析工具和主题。

②挪威：技术推广研究所项目（TEFT）

该项目于 1994 年由挪威科研理事会设立。有两个目标：一个是内部资源匮乏的非开发集约型中小企业；另一个是 5 个最大的多流程开发组织该项目设定员工数在 10 ～ 100 人的企业，地方官员负责本区域内的企业，缩短企业和科研机构之间的距离，由 TEFT 和企业分别负担项目成本的 75% 和 25%。TEFT 扶持产值在 4000 万至 13000 万欧元之间的企业。通过项目的实施结果是减少了研究机构和企业之间的隔阂。

③比利时：企业导向计划

该计划负担 80% 的工资，期限为 2 年。科研人员参与企业的具体项目。标准为研究者在原研究机构工作一定时间，保证知识的转让以及在相关研究领域具有相应成果。

④智利基金会

该基金会于 1978 年创立，是一个私有的非营利技术中心。技术转让机制为研发与外国技术引进，通过"竞争前研发联合体"进行技术推广。

（3）国内中小企业创新现状（表 2-2 ～表 2-4）

世界银行（The World Bank Group）中国中小企业创新调查项目曾于 2006 年末至 2007 年初分别在浙江省和重庆市开展 ❶。由世界银行研究团队与科技部共同设计，由浙江工商大学和重庆市生产力促进中心这两个机构来执行。这两家机构选择了 491 个中小企业（浙江

---

❶ 世界银行曾于 2006 年末至 2007 年初开展了中国中小企业创新调查，后于 2011 年末至 2013 年初又开展了全球企业调查，其中包括了中国制造业企业板块的调查数据。统计指标包括研发投入、高管性别、高管经验、国际认证、企业规模、企业年龄、行业特征等。而 2007 年世界银行中国中小企业创新调查数据是目前可获取的专门针对中国中小企业创新的世界银行调查数据。

247 个，重庆 244 个）。收到 367 份有效回应（浙江 165 份，重庆 202 份）。

表 2-2　中小企业创新动力

目标	地区	回应数	在效回应的分布（%）		
			不客观 或 不重要	有点 或 相当重要	非常 或 极其重要
开发新市场和产品	重庆	200	3.8	26.3	70.0
	浙江	162	1.8	27.6	70.6
改进现有产品	重庆	200	6.2	41.7	52.1
	浙江	164	3.5	34.7	61.7
遵守法规和标准	重庆	200	11.1	50.3	38.7
	浙江	159	2.5	41.3	56.3
优惠政策享受资格	重庆	199	11.6	50.8	37.7
	浙江	160	8.8	44.4	46.9
降低成本	重庆	194	13.2	59.3	27.6
	浙江	158	7.2	45.9	46.9

（资料来源：世界银行中国中小企业创新调查，2007）

表 2-3　中小企业创新的主要障碍

障碍	重庆	浙江	总计
经济风险过高	2.53	3.07	2.77
成本过高	2.69	3.09	2.87
缺少资金	3.43	3.22	3.34
内部制度僵化	2.1	3.25	2.74
缺乏技术信息	2.47	3.31	2.89
缺乏市场信息	2.6	3.33	2.97
缺少合格人才	2.9	3.63	3.24
知识产权保护缺陷	2.81	3.3	3.05
法规和标准约束	2.65	3.04	2.84
缺少风投资金	2.99	3.08	3.03
客户对新产品反馈不足	2.59	3.23	2.91
缺少技术推广服务	2.48	3.47	2.94

（资料来源：世界银行中国中小企业创新调查，2007）

表 2-4　中小企业创新失败的主要原因

状况	原因	受访者人数		占所有受访者百分比	
		重度	浙江	重庆	浙江
有想法但未进行研发	缺少资金	104	33	52.0	29.5
	缺少熟练工人	68	50	34.0	44.6
进行研发但未成功	技术原因	51	56	25.5	50.0
	经济原因	68	14	34.0	12.5
研发成功但未商业化	缺少市场需求	64	29	32.0	25.9
	缺少资金	70	8	35.0	7.1
	政策限制	17	10	8.5	8.9
备注：受访者总数	…	200	112	100	100

（资料来源：世界银行中国中小企业创新调查，2007）

　　调查表明，中小企业在人力资本的很多方面都面临着重重困难，特别是管理并留住研发人才。缺少创新管理经验是中小企业的一个重要顾虑，在为员工提供培训方面也缺乏足够的动力，企业所有权和经营管理机制对人才短缺也有一定影响。

　　企业与高校和研究机构合作的主要领域是"技术咨询""联合研究"及"培训"；接受调查的中小企业中有 16% 的企业没有其他形式的合作（表 2-5）。各种不利因素和障碍，如缺乏动力、无法明确并细化需求以及缺乏吸收能力等，使得多数中小企业无法充分利用网络资源或其他机会。企业与高校、研究机构的合同执行也差强人意：约 50% 的受访企业表示"一般"或更差。企业所有者过度关注短期回报，不愿承担风险；研究人员则热衷"中饱私囊"和职称晋升；对私营企业（主要是中小企业）的社会成见和歧视依然存在。❶

表 2-5　中小企业合同执行与校企合作经验

项目	合同执行			服务质量		
	重庆	浙江	合计	重庆	浙江	合计
很差	0.6	4.3	2.2	0.6	1.7	1.1
差	11.7	17.2	14.1	10.5	12.1	11.2
可以接受	45.5	51.7	48.1	57.4	61.2	59.0
很好	33.8	18.1	27.0	28.4	14.7	22.7
极好	8.4	8.6	8.5	3.1	9.5	5.8

（资料来源：世界银行中国中小企业创新调查，2007）

---

❶　曾智华 . 中国中小企业创新与国际经验，世界银行：创新促进发展国际研讨会，2009.5.

（4）中国中小企业集群状况（表2-6）

中国的产业集群大多由中小企业构成，受限于其所有制、规模和非正规的性质，往往缺少获得信息、金融手段、人力资本、技术和各种支持性服务的渠道。多数产业集群都在中低技术领域，没有研发能力和重组技能。很多产业集群也面临着企业管理不善的问题。中国尚不成熟的金融体制对中小企业的商业活动也有直接影响，因为在缺乏银行贷款的情况下小企业更容易受到资金的制约。

清华大学经济研究所对华人企业经营管理技术革新的调查统计透露，被调查的1051家企业中（其中大企业229家，中小企业797家），凭借技术革新，93.2%的企业提升了劳动生产率，增加了产品品种；96.7%的企业提高了经济效益；96%的企业扩大了市场份额；91.5%的企业提高了产品质量；88%的企业提高了产量；77%的企业减少了材料耗费；69.4%的企业降低了能耗。农业部、科技部和国务院发展研究中心联合开展的中小企业技术创新调查结果显示，4530家被调查企业中，70.7%的企业从事技术创新活动；34.4%的企业进行了科研和开发活动；22%的企业有科研机构和开发活动。但调查也显示出，中小企业的技术革新经费主要用于购置机械设备，占技术革新总支出的73.4%，用来购买技术的费用仅为9.3%。

表2-6   中国主要产业集群分布

中国主要产业集群分布			
浙江		广东	
温州	鞋具；打火机；低压电器	深圳（澄海）	玩具
诸暨	大唐袜子；嵊州领带	潮州	婚纱晚礼服
海宁	皮革加工	东莞	玩具
宁波	男装	虎门	女装
织里	童装	中山	灯具
		顺德	家电
		乐从	家具

（资料来源：世界银行中国中小企业创新调查，2007）

结合上述调研的情况分析，国内的中小企业创新还存在着许多制约因素，主要有以下几方面。

①中小企业融资难

许多中小企业开展技术创新的主要制约因素是资金不足，其中既包括商业货币资本融资难的问题，也包括缺少政府的支持。中国的中小企业一般规模较小，风险承受能力低，资产信用风险程度高等弱点。但是，银行为减少债务的风险，较少主动承接中小企业贷款业务，担心向中小企业贷款风险较高。另外，在传统体制制约下，政府资助主要倾向大型国有企业，因而中小企业在产品的研发上缺乏资金支持，既无力承受聘用优秀的科研人员的费用，也很难为新产品的生产和市场的推广提供经费。

②技术创新主体不明确

企业是技术创新的主体，而中小企业领导层对技术创新的重要性认识不足，对创新作用的主体意识淡薄，观念陈旧。在技术创新上过分依赖政府和科研机构，在经营视角上注重短期效益，缺乏延续性考虑，创新的积极性和主动性不高。良好的政策和社会氛围也是一个因素。很多中小企业开展了技术革新，也重视技术革新，但现实是技术革新和亏损并存，这表明中国的技术革新还没有成为大部分中小企业的发展的动力来源。

③技术创新研究开发投入不足

从企业的研发经费支出中基础研究所占比例来看，中国企业的基础科研经费比例明显偏低。基于各国不同阶段数据的比较研究，在企业基础研究、应用研究和试验发展之间有比较稳定的比例，企业基础研究大约占研发经费支出的 15%。美国等发达国家企业在过去的 30 年间大体上稳定在这一比例，这是研发三种活动相互依存的可能的内在联系。我国企业的基础研究所占比例为 0.4%，明显过低。研发费用主要依靠政府的投入，企业只占 20%，而发达国家企业的投入占 40% ～ 60%。研发费用的短缺影响了企业产品的开发和技术创新进程，不能及时提升企业的技术水平，削弱了中小企业的科研能力和竞争力。

④人力资源投入不足

从企业技术创新的科研人员来看，我国企业科研人才数量增长较快，在全国科研人员中所占比例也较高，但与发达国家相比，我国差距仍然很显著。2015 年，我国只有 25% 的大企业和中型企业拥有独立的研究开发机构，企业拥有科研人员的总数占全体科研人员的比例也在 20% 左右[1]，而属于企业研究机构主导型的发达国家该指标平均值可达 60% 以上，美国则高达 75.4%。相比之下，我国企业对科研人才的投入相对较弱，科研人员占员工总数的 1.6%，与同期发达国家企业科研人员占企业人员总人数 10% 以上的比例相比，还有较大距离。从企业科研人员中科学家和工程师的比重来看，我国企业为 73.5%，也比全世界平均水平低 1.9%，企业科研人员投入强度明显不足。

⑤科技论文水平不高

论文和专利数是表征科学技术水平的重要指标。近年来，我国科学论文数量迅速增加，

---

[1]　"创"出中国经济的强劲动力，《经济日报》，2015-12-19.

但国际范围内的反响有限，反映论文质量和影响力的引用频率明显偏低。中国的平均论文引用频率是 4.61，如果我们的平均引用频率是现在的 2 倍，依然赶不上国际先进水平的美国（13.83）。因此，我国科学论文的整体水平与发达国家相差甚远。

（5）浙江中小企业创新现状

截至 2012 年 6 月，包括个体工商户在内，浙江省各类中小微企业数量已达到 330 多万家，占全省企业总数的 99.8%，发展势头十分迅猛。据不完全统计，截至 2010 年 11 月底，浙江省各类中小企业总数已达 270 多万家，占全省企业总数的 99.7%。目前全省工业总量的 84.1%、工业税收的 73.3%、外贸出口的 82.5%、工业企业从业人员的 90.9% 都来自中小企业。然而，"低、小、散"是长期困扰浙江省工业经济和产业结构调整的现实难题，并严重阻碍经济发展从数量扩张向质量提高的转变，企业单体规模普遍偏小，结构相同且技术含量低，缺乏主导型企业。技术人员引进和研发投资所占比重较低，结构扁平化，远不能达到维持和推进集群产业优化、升级和创新发展的极限水平。

浙江省统计局于 2005 年 10 月对全省范围内的中小企业实施了 1037 份的问卷调查（问卷的发放过程中有指向性考虑，因此调查对象企业的管理状况比全省平均状况良好），最终问卷回收了 736 份。通过对数据的预分析，排除了销售收入高于 500 万元规模的企业后，有效问卷 592 份，覆盖了 9 个市（除宁波、绍兴外），衢州回收 116 份，有效问卷 112 份；杭州 110 份，有效问卷 96 份。问卷分布基本能够反映全省中小企业发展状况。

①中小企业的自主创新意识有所增强

自营性销售中国国货的中小企业越来越多，54% 的中小企业产品是自主开发，这些中小企业的盈利力量将优于委托性的加工型中小企业。中小企业也开始重视产品质量，27.4% 的企业已得到 ISO 9000 或其他相关质量认证；打造品牌的意识增强，52% 的中小企业注册了自己的商标，39% 的中小企业使用自有商标注册产品。

②中小企业的产品开发方式出现新变化

54% 的中小企业产品属于自主开发，模仿和委托加工不到一半，依托学校或研究机构开发产品的只有 5.3%（表 2-7）。

表 2-7　中小企业的产品开发方式

产品开发方式	自主开发	模仿	委托加工	依托学校或研究机构
选择比率（%）	54.0	20.8	19.9	5.3

（资料来源：浙江省中小企业局，2006.7）

从图 2-3 中可以看出，我省中小企业以模仿获得了较大的盈利空间，区域经济的形成即来源于互相模仿。但是，模仿是把双刃剑，一方面，迫使企业重视创新研发，避免被其他企业模仿而降低利润；另一方面，又引发企业间的恶性竞争，这种低成本的模仿终究会抑制企业的创新本质。我省自主开发产品的企业，其利润高于委托加工的中小企业，但委托大专院校及相关研究机构开发产品的中小企业利润空间较小，其原因尚待深入研究。

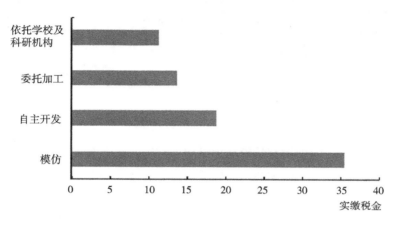

图 2-3 中小企业产品开发方式与盈利的关系

（资料来源：浙江省中小企业局，2006.7）

注：根据公式：利润＝税前利润－实交税金＝税前利润×（1－税率），因此，如果假定税率相同，则实交税金可以大致表示企业的利润情况。

③中小企业产品创新和研发活动相对滞缓

在浙江省规模以上工业企业中，有 40.8% 的企业尚未开展创新活动。从企业规模看，大、中、小企业未开展创新的比例为 9.0%、29.9% 和 48.7%，与企业规模成反比，近三成的中型企业和近一半的小型企业没有任何形式的创新活动。

④中小企业自主创新能力还不强

第一，中小企业对研发人员的需求不高，只有 25.7% 的中小企业急需产品研发人员，对技术创新不像大型企业那样迫切和重视；第二，中小企业的生产装置仍然落后，60.3% 的中小企业装备属于国内普通水平，27.6% 的中小企业的生产装置达到国内先进水平；第三，和大专院校的合作也不够紧密，只有 5.3% 的中小企业在大专院校和其他研究机构进行产品开发；第四，品牌观念依然陈旧，20.5% 的中小企业把"未有自主品牌"视作制约企业发展的前 5 位因素之一，48% 的中小企业还没有自己的注册商标，20.8% 的中小企业产品开发的主要方式仍然是模仿，有 19.9% 的中小企业为委托加工（图 2-4）。

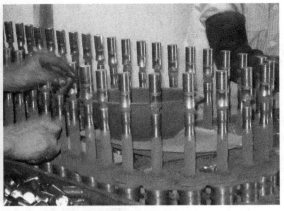

图 2-4 以 OEM 为典型特征的中小企业产品开发方式

从上述分析可以看出，大多数中小企业往往缺乏对产品设计的基本认识，仍然将其作为艺术设计看待，因此产品创新和品牌意识薄弱，特别是缺乏对设计的管理。受到自身实力和资源的限制，中小企业无法像大公司那样建设一个完善的研发部门，同时也难以引进高素质的设计人才，更缺乏对设计行业的信息资源占有和利用的能力。大部分中小企业为了短期利益而寻求低成本的模仿设计，而设计单位因为委托方资金提供不足，也对设计项目不够重视，因而双方陷入缺乏诚信的恶性循环之中。由于在知识储备、人才培养、研发水平，以及管理理念、企业结构治理、资金实力等方面还存在诸多不足，中小企业其自身尚处于上升发展和不断调整和完善的阶段，因此，尽管产业结构调整和经济增长方式转变所带来的对于技术和产品创新的需求十分强烈，但其能力与内部动力均显欠缺，迫切需要具有针对性的和易于推广应用的创新范式。

在我国的经济结构中，中小企业也同样十分重要，它们已成为国民经济中一支重要而活跃的力量。它是经济的启动因子，并能带来整体经济效益的增长，对就业和促进城市化更是起着不可替代的作用。但目前我国支持中小企业发展的政策措施还有一定缺陷，在很大程度上影响了中小企业的发展。借鉴和吸收英国政府支持中小企业发展的某些成功做法，切实采取各种措施加快支持我国中小企业的发展，就显得十分紧迫和非常必要。对中国来说，21 世纪的前 20 年是经济社会前进的紧要战略机遇期，也是科技进步的紧要战略机遇期。2020 年我国的经济发展进入创新驱动型的阶段，具备了完善的科技创新体系，雄厚的科技基础设施和健全的科技法制体系，科技创新人才资源丰富，资本市场完备，自主创新能力显著增强，科技的支撑和统率经济社会前进的力量大幅提高，全国科技综合实力达到中等发达国家的平均水平，进入创新型国家的行列。尽管为实现这个目标，做了许多工作，但在积极引领中小企业科技创新方面还存在不少问题。高新技术产业总体规模偏小，对经济社会发展的支撑和带动作用不足。科技投入还相对不足，大中型工业企业研发费用占主营业务收入的比重较低，大多数企业没有达到研发费的提取要求。企业自主创新主体作用发挥不够，高科技成果转化率偏低。部分企业研发中心建设质量不高，研发能力弱，多数中小企业没有研发机构。为了克服这些问题，政府需要学习、借鉴西方发达国家政府支持中小企业科技创新的做法，可以从以下方面加强工作。

A. 建立与完善的全口径的中小企业管理机构，明确中小企业管理机构的职能和权限

加强和改进政府对中小企业的管理方式，建立或完善层次比较高的专门管理机构，是支持和鼓励中小企业发展壮大的一项长期任务。这方面，英国有贸工部中小企业管理局，在中国也有中小企业管理局，这是我国以中小企业改革发展为职能的管理机构。它的职能是创制中小企业扶持政策，指导中小企业改革前进，引导中小企业对外合作，促进中小企业服务体系建设，更好地组织、发挥、融合各方面力量。现在仍需各地区和各部门从实际出发，尽快改进对中小企业的管理。同时必须明确，这种"管"不是让政府去具体经营管理中小企业，而是要突出服务和扶持，通过加强规划和指导，促进中小企业加快技术与结构调整，使它们向"专、精、特、新"的方向发展。

B. 尽快制定扶持中小企业发展的税收优惠政策

在财政方面，不仅要保证落实已有对小企业的各项优惠政策，还要建立和规范对小企业的税收优惠政策。中小企业税收优惠政策的创立要反映企业公平税赋、平等竞争的原则，废除现行的部分以所有制和企业属地为依据标准的做法。对新办的中小企业，给予相关期限的税赋减免优惠；对有可能成为大企业的中小企业或新开设的高技术型、知识密集型中小企业的税赋减免年限可以适当延长；鼓励中小企业加大技术创新投入，配套税赋优惠；对规模以下的中小企业免收企业增值税，进一步简化小额纳税户的纳税手续，为其继续存在提供有利的环境。目前各地方政府已出台了一系列文件，制定了一些财税优惠政策。如上海市规定，对列入国家火炬计划、星火计划，以及产学研联合等的企事业单位，实行所得税先征后返两年，对列入市新产品计划的新产品所纳增值税属地方部分的 25% 返还企业等；广东省出台了新产品研究开发费抵扣应纳税所得额操作办法；江西省出台了新产品部分增值税返还暂行办法等。

C. 改善中小企业的融资环境，帮助中小企业解决融资渠道问题

由于中小企业与大企业相比一般资信程度较差而风险较高，很难从普通商业银行获得贷款。对此，包括英国在内的许多市场经济国家都采取各种金融支持政策手段，例如，设立向中小企业提供资金融通服务的政策性金融机构；建立中小企业投资开发公司；设立中小企业贷款信用保证基金或机构等，这些都取得了良好的效果，值得借鉴。另外，把对中小企

业的金融支持纳入国家金融体制改革的范畴，财政、金融、企业共同出资组建中小企业信用担保基金、风险投资基金、创业投资基金及科学技术发展基金等。加速开放"第二板块"股票市场，积极发展和活跃中小企业产权交易市场，为科技型中小企业贷款提供便利，同时，各类型基金也通过"投资—扶持—转让—再投资"的循环，实现累积发展也都是可以考虑并采纳的方法。

D. 积极建立社会化服务体系

中小企业的优势在于专业化生产，但由于缺乏社会化服务网络，难以通过自营供销的方式与大市场对接。因此，对中小企业应强化以下服务。a. 信息咨询服务。有目的地搜集中小企业所需要的市场信息、技术信息、人才信息等，经过必要的加工分析处理后为中小企业提供服务。b. 中介服务。在企业和科研机构之间、企业和企业之间的合作，企业的产品出口等方面搭建平台和桥梁，结合政府机关和事业部门的改革，鼓励支持精减人员创办为中小企业服务的各种中介服务机构，政府在税收、信用、工商管理等方面大力支持此类中介机构。c. 培训服务。设立专门的培训中小企业业主的机构，帮助他们提高素质，改善经营管理。鼓励和支持科研院所、大专院校、商业机构，特别是中小企业协会等组织，要发挥政府和中小企业桥梁职能，积极面向中小企业开展技术和管理培训，使中小企业的技术开发、营销和资本运营能力得到提高。

E. 用法律手段支持和鼓励中小企业的创新发展

以法律和法规约束各行各业，使各种所有制性质的中小企业不受区别，公平地参与市场竞争，保护其合法权益，是世界各国支持和保护中小企业的通行做法。尽管近年来我国针对中小企业陆续制定了一些法律法规，但至今为止尚未出台一部完整的有关中小企业的法律，因而中小企业的发展缺乏法律法规的支持和保障，政府在管理小企业中也无法可依。我们应加快立法步伐，尽快出台《反垄断法》《中小企业法》等有关法律，并建立或充实相应的法律执行机构，充分运用法律手段规范中小企业发展过程中各行为主体的权利和义务，肯定中小企业在国民经济中的地位和作用，为中小企业的发展及其技术创新活动创造一个更好的环境。

F. 全面落实助力企业自主创新的各种政策举措

通过推行各种政策，企业才能真正变成科研投入的主心骨、技术创新的主心骨和创新成果应用的主心骨。首先，指导企业扩大技术革新投入。运用有力措施，使企业用好、用足各项政策。落实高技术开发企业研发投入。要把税收封顶、设备折旧、政府采购等方面的优惠政策落到实处，增强企业技术人员的创新积极性，推进企业技术研发费用逐年增长、累积前进。其次，要加速推进企业研发机构建设。鼓励大中型企业建设技术研发中心，重点扶持行业技术水平领先、试验设备完备、研发主题明确的企业技术研发中心。国家级重点企业瞄准国际同行业先进水平，促进高起点企业技术中心建设。提高自主研发能力，助力技术成果的有效转化。支持鼓励实力企业积极参与和承担各种科技计划，尝试推行由企业领衔实施重点科技项目的体制。最后，重视中小企业在技术革新中的独特作用。英国的实践表明，中小企业特别是科技型中小企业是技术创新的重要力量。各级各部门要高度重视中小企业技术创新，制定相关政策，优化发展环境，支持中小企业技术创新，形成自主创新企业的强大力量。

G.加大大学、科研机构服务企业的力度

科技成果来自知识的交替，应促进产学研合作，把高等学校和科研机构的基础科研和应用科研放在关键位置。一是真正的科学研究要走向经济社会发展的主战场。科研院所和高等院校应树立服务经济建设的观念，科学研究问题的选择精准性和应用性需要切实提高，走向市场、走向企业、多出科学技术含量高、市场需求大、产业化前景广阔的科学技术成果。加强科技成果的中试环节。提高科技成果的成熟度，加快成果转化进程。二是高度重视和提高基础科研。基础科研是发明创造的先驱，也是实用开发的来源。大学和科研机构要充分发挥人才优势，加速重点学科建设，为应用科研和技术开发提供坚实的基础理论。三是主动加强与企业的合作。高校和科研机构要面向社会，加强与企业的横向联合。针对关乎产业发展的重点课题，从立项开始，与企业积极合作，共同开发，发挥双方优势，提高科研成果研发的质量和转化效率。四是深化科技体制改革。科研机构要按照职责明确、评价科学、开放有序、管理规范的要求，制定符合国际规则、适应市场经济和科学法则的现代科研院所体制。重点院校要立足学科综合、人才集聚的优势，建设高水平科研型大学。深化事业单位改革，优化岗位设置，重点支持人才和关键岗位，鼓励竞争，最大限度地调动科技人员积极性。

H.采取措施，指导企业加大投资力度

依据国家有关企业提高投入的规定，用足用好政策，使企业真正成为研发投入的主体。提高企业研发机构建设水平，搞好国家认证企业技术中心、行业工程技术研究中心、博士后研究工作站建设，使企业真正成为技术创新的主体。改善商业环境，打消非市场因素，确立现代企业管理制度。企业应把前进的内在动力转化为依靠科技进步和自主创新，真正变成创新成果应用的骨干。企业家是技术创新的管理者和指挥者，是促进企业成为技术创新中心的关键。要培育建设一批富有现代企业管理思维、富有创新精神的企业家队伍。进一步重组科学技术资源，为企业自主创新提供服务，积极指引企业参与国家重点科学技术专门项目、重大项目及军事科学研究等各类型的重点科学技术计划项目。特别是在具有普及性市场应用前景的领域，要建立企业主导的重大科技项目实施机制。各类公共平台也要向企业开放，为企业开展自主创新提供服务。在科技政策和经济政策上，要对中小企业、民营企业和高新技术企业给予更大支持，营造平等的竞争环境。

2.2　中小企业产品品牌策略分析

在工业时代初期，企业的产品研发和生产、销售往往分属不同的部门，而在设计与研发部门，产品设计和工程、市场通常也分属不同岗位；产品研发过程中，各部门相互独立，各自完成本部门的工作职能，缺乏紧密的合作与协调。进入信息技术时代后，企业经营、产品开发、市场运作及生活方式都发生了巨大的转变，单纯以生产和技术为中心的经营方式，使新产品在激烈的市场竞争中取胜越来越难。工程技术人员和设计人员则往往根据他们自己的意见（通常是偏离市场本意的、缺乏对市场规则充分理解的意见）我行我素，从自己的专业角度出发进行开发设计，使得产品技术过于复杂，未能简化为市场和消费者易于理解的形式，反倒给消费者造成许多困扰。工程师和设计师倾向于坚持己见，从技术层面对产品进行开发，无法使复杂的工业数据转换为消费者或使用者容易理解的外观或结构。❶

20世纪80年代以来，随着信息技术的日益深化和体验经济的兴起，新产品开发进程中商业、设计、工程技术等多方面遭遇巨大的竞争，很多企业，特别是实力、规模有限的中小企业开始推行以用户为中心的一体化产品开发模式，即通过品牌规划、市场营销及设计与工程技术等多专业领域的团队协作，以品牌策略为核心的整合营销方式指导产品开发，以此增强产品的核心价值和综合竞争力。

我国企业经历了计划经济向市场经济体制的转变，从改革开放初期的非充分竞争到加入WTO后，日益融入全球经济一体化的自由市场竞争体系，历经了几十年的发展，积累了丰富的市场营销经验，许多企业已通过建设和发展品牌经营战略并获得了成功。但与此同时，更有相当数量的企业却陷入了品牌建设的误区，只关注于短期内知名度的提升上，忽视品牌的长期成长与维护，导致投入了巨大的财力物力却收效甚微。而中小企业由于其自身的特殊性，在品牌建设上也表现出如下所述的问题。

（1）品牌战略的意识淡薄

由于中小企业一般规模较小，资金实力不足，企业生产和营销依然停留在以产品为中心的观念上，忽视品牌规划和品牌经营。

---

❶　李轶南在《多专业整合及以用户为核心设计创新的当代美国工业设计》（艺术百家，2006年第4期总第90期 P83）中探讨了美国当代工业设计出现的新特点，即形成了以用户为核心的设计方法和整合多学科、多专业的产品开发趋势。

（2）对品牌策略的理解存在误区

虽然重视品牌建设，但错误理解了品牌规划的含义，很多中小企业将品牌与产品的质量、形象、附加价值等一系列有形或无形资产割裂开来，将品牌等同于知名度。通过概念炒作和外部市场运作，在短时间内大量投入来速成品牌，没有认识到这样的品牌建设是不稳定和短暂的。

（3）品牌定位和推广目标不明确

在现代市场分众化趋势下，消费者对于产品的品牌选择更为慎重。很多中小企业产品品牌定位不清晰，对于目标市场消费者的需求分析不到位，无法将产品和品牌精确地向目标市场传播。

（4）品牌建设中的短期利益行为

品牌推广仅停留在短期促销上，资金的约束使他们放弃了品牌的长期培育，只追求短期的产品销量而不惜牺牲品牌形象。只重视产品的生产和销售，产品同质化使其难以获得竞争优势。

（5）品牌创新度较低

中小企业在技术改进、企业创新方面投入少，在新产品、新技术、新工艺等方面研发成果可利用的少，拥有自主知识产权的核心技术更少。产品只限于初级开发，精加工和深度开发不足，无法利用已有的品牌优势延伸品牌链条。

（6）较多采用 OEM 品牌策略

虽然许多中小企业想建立自己的品牌，而且为品牌的创建进行了很多尝试，但往往成效不大。原因在于中小企业的资金实力和企业规模，无法支撑起庞大的品牌建设和促销的费用，无法保持和扩大市场份额，因此产品难以获得消费者和经销商的支持。因此，许多中小企业放弃了自己的品牌，转而采取与知名经销商和制造商合作，使用其品牌进行市场营销。利用其在市场上的声誉和强大的分销网络，其自身产品迅速打开市场，抢占市场份额，吸引更多的顾客。待企业自身的商业实力更加强大后，再建立自主品牌。

2.3　中小企业产品设计需求分析

现代工业社会由于技术的更新和进步以及行业分工的深度细化，产品的种类非常丰富，企业产品线的深度和宽度日益扩展，产品细分程度加深；并且，以品牌策划为依据的现代整合营销网络的建立和成长，使生产者与市场、产品与用户的对接更具针对性，目标市场需求满足度持续发展。所以，一方面，需求的差异性迫使企业设计开发适合的产品，以满足不同目标市场的不同需求；另一方面，居于同一自由竞争市场的企业，在考虑水平、规模、行业地位后，一般会依据自身现实进行产品设计和开发，以更好地满足目标市场需求或寻求潜在市场机会。因此，相对于大企业，具有一定设计能力的中小企业也存在与其自身特点相对应的产品设计需求特征的问题。

2.3.1　现状分析

从浙江省的情况看，浙江的区块经济特色是"零资源"开始，从20世纪80年代以后中小企业开始产业链的突破。区块经济地区也成为原料、生产设备、零件修理的集散地。中小企业所在行业往往容易被模仿、进入门槛低、陷入过度竞争是不可避免的。为了发展壮大，必须进行产品创新，但是不同行业对产品创新需求的紧迫性和侧重点均不相同，也就是不同行业对设计的需求各不相同。技术含量越低，生产门槛越低，产品竞争越激烈，对产品创新的需求越高。浙江中小企业按照产业链位置大致上可以分为产品原料供应商、生产组装企业、辅助性企业、经销商四类。在这四类企业中。生产组装企业与设计关系最为密切，也最为直接。但是，设计还是要受到其他三类企业的制约和影响。产品原料供应商根本上决定了产品的功能和本质，进而决定了大致的形态。辅助性企业有运输公司、广告公司、设备维修公司等，如在产品的运输过程中要考虑到运输费用，这就决定了设计的产品要节省空间。经销商会给设计活动提供大量第一手的市场信息，形成了原料生产和供应、制造、包装、销售，直到维修、零配件供应的完整产业链，在获取雇员、供应商、信息，增强产业内部互补性和创新动力上具有很高的效率。下游企业通常择优采用成本最低、质量最好、最及时供货的外协件，从而使那些大大小小的上游企业争先恐后地改善技术、生产设备及环境，努力控制成本和扩大生产能力，希望可以进入各下游企业的采购网络。考虑到地区产业的集约性，因此能够实现就近组合、就地取材，采购成本特别是其中的运输成本也非常低。

2.3.2　产品理念与意识

中小企业处于市场竞争的前沿，虽然能够实时地了解市场的变化，但受制于企业自身的规模，却无法投入大量的资金、人力进行大规模市场调查与研究，难以洞悉市场需求变化的远期态势及其深层次的内在原因，实际上面临的潜在市场风险是十分巨大的，最为有效和经济的化解手段就是市场需求一旦发生变化，企业就能够迅速地调整产品结构和营销战略。因而，中小企业在产品理念与意识上普遍存在以下一些问题。

（1）产品设计和开发以低成本为导向

中小企业由于企业规模和资金实力的局限，通常无法配备专门的产品开发人员，同时，高昂的研发成本将给企业生存带来严峻考验。因此，对于企业来说，选择快速且低成本的产品设计是合理且必然的。但是，企业又往往将技术含量较低而短期收益较大的项目作为产品开发的对象，通过直接获得技术或仿制作为研发的主要方法，以期规避新产品开发的风险。另外，国内中小企业中以乡镇企业和私营企业为主，管理思维相对落后，生产经营性决策主要由法人独立做出。管理者更注重能够迅速获得效益的产品开发方案，对自主开发持谨慎态度。

（2）产品定位和技术选择以短期效益为导向

在产品定位上，很多公司以利润获取为导向，以市场需求为绝对的生产驱动因素，但是对需求本质的认识和实践研究的缺乏，又往往导致严重的错误。技术的选择缺乏明确的依据和全面的评估，没有经过小规模试生产的过程检验便投入大批量生产，造成产品合格率较低，也给企业造成巨大的损失。

2.3.3 设计流程与管理方法

为了解决外部市场需求的经常性变化和企业自身研发实力不足的矛盾，大多数中小企业采取委托设计的方式以降低产品开发的成本，没有设立独立的内部设计部门。但这种设计外包的模式显然也存在缺陷和不足，并不能够完全适应中小企业产品开发的特征和需求。

一是缺乏科学的设计流程，常常在需要时才临时寻找设计公司设计，无法有系统、有计划地针对每一阶段进行设计投资与监督，也无法形成设计品质的统一性与产品前后的延续性；再就是虽然产品品种繁多，但由于市场需求主导的绝对化倾向，造成设计委托方的不稳定，导致产品系列感不强，不能形成总体的产品形象，因而很难树立产品和企业品牌形象。

2.3.4 设计周期与成本控制

由于采取委托设计的模式，企业无法对设计方进行有效的指导和流程管理，设计品质难以掌控；同时，作为委托方的中小企业与设计公司常常处于不同的地域，双方的沟通存在着时间和空间上的差异；一方面，中小企业受规模、资金等的限制，无法采用先进的高科技通信技术如实时视频会议系统等，导致沟通时效性差，增加了沟通的时间成本；另一方面，双方反复的地域往返也造成沟通的劳务成本的增加。这些都导致设计周期的延长、设计时效性降低及市场需求响应的滞缓。

相对于大型企业建设自身设计队伍，以及在信息和品牌管理上投入大量财力物力而言，采取委托设计的模式可以为中小企业节省巨额资金，而将企业资源集中在生产过程，以高质量的产品满足消费者的需求，从而达到快速进入市场和占据市场份额的目的。但是同时，此种模式也会因设计中不可避免地反复修改和调整而带来设计成本的相应上升，有时成本甚至可能达到非常高的水平。

2.3.5   设计定位与产品生命周期

随着经济和科技的发展，单一产品的大规模生产已无法满足消费者的多元化和个性化的需求。小批量、多样化和优质的设计才能符合市场发展的要求。因此，中小型企业普遍采用个性化的产品竞争策略：贴近市场趋势并根据消费者的需求，采取差异化的竞争策略，生产和大公司之间有差异的，并且是大公司不屑生产的产品，通过专业的设计满足特别的需求。很多中小企业的产品生命周期很短，产品的更新和替代率很高，这也是产品委托设计模式与设计周期长之间的矛盾，而且产品设计和开发需要投入更多的资金和人力，也成为企业不十分积极的重要原因。

2.4   本章小结

本章主要对中小企业，尤其是制造业背景的中小企业，在产品设计和研发方面的现状进行了深入分析。通过对英国、荷兰等国外中小企业和国内中小企业在产品创新和技术创新方面的比较研究，指出在创新能力、人才培养及管理机制等方面，国内中小企业尚处于上升发展和不断调整、完善的阶段，其能力与内部动力均显欠缺，迫切需要寻求具有针对性的和易于推广应用的产品创新的有效途径。同时，结合现代市场营销理论，对企业的品牌建设和产品设计需求进行了剖析，指出大多数中小企业由于自身所处的产业地位及规模的限制，虽然尚不具备实施品牌竞争战略的充分条件，但迫于全球经济趋势不明朗、国内产业结构调整、成本因素权重上升和企业经营外部条件的恶化等压力，通过优化产品研发流程，引进先进设计思想和设计模式，降低产品设计周期和成本，快速响应市场需求，逐步增强自主研发能力和增加自主知识产权占比，以产品设计创新、品牌价值竞争逐步取代仿制加工、价格竞争以增强核心竞争力，摆脱产业价值链的低端困境。

第二篇

流程优化与模式构建

第3章
基于流程优化的产品创新途径及其
快速响应模式构建

3.1 产品创新途径及其快速响应模式构建的背景

从较长的历史时期观察，传统制造业和加工业在中国的国民经济生活中长期占据着主导地位。中国的工业产业的自主品牌一直处于缺失的状态，更不必说自主知识产权的匮乏，从而导致其难以完成从产业价值链的末端向高端的转变。近年来，国际后金融危机的蔓延和国内外经济周期性的波动等不利因素的影响显现，国内大量的制造、加工企业核心竞争力不足导致低利润、负利润的被动情况，经济的增长率也下降了。经济下行带来的"寒流"表明，加快转型升级才能为新一轮增长打开空间，才是化"危"为"机"，再推经济又好又快发展的根本出路。为此，要加快实现由模仿创新向自主创新的转变，着力提高企业自主创新能力。"鼓励工业企业发展生产性服务业。加快工业企业转型升级，从加工制造环节向研发设计和品牌营销两端发展。" ❶

自改革开放以来，中小企业发展迅猛，中小企业在经济发展中的重要地位和功能也逐步得到人们的认同。截至2018年末，我国中小企业数超过3000万家，个体工商户超过7000万家，上缴税赋占全国50%以上、GDP占比60%以上、技术创新成果占比70%以上、劳动力就业占比80%以上。中小企业在国民经济中的功能已经明确，但同时必须正视，在国际经济的激烈竞争中，许多中小企业的生存也遭遇了一些困难，如产品的质量不高，附加价值低，技术创新能力和技术水平相对较弱。这些是牵制中小企业连续前进的阻碍因素。为了解决这些问题，首先应该从提高中小企业的技术水平开始，改变因廉价劳动力引发的市场竞争现状，提高产品的技术含量和产品的附加价值。中小企业的创业和管理成本低，市场适应能力强，就业灵活性强，具有大企业无法比拟的优势。同时，中小企业不易受传统经济体制束缚，在

比较充分的市场环境下发展，具有利益驱动和市场驱动的特点，外向性强，与国际市场密切相关，这些优势促进了中小企业的发展。但是，中小企业也有问题，其发展也存在一定的障碍，具体分析如下。

（1）中小企业存在严重的家族化管理模式

我国的中小企业大部分是血缘关系或者近血缘关系连接起来的，家庭创办、承包或者租赁，经营管理中的小农意识浓厚。保护自己人、外部人员则承担过错是经常引发的现象。随着企业规模的发展和外部市场环境的变化，这种家族式经营管理越来越显露出局限性，阻碍了企业的现代化发展，也阻碍了企业对人才和技术的引进。

（2）中小企业主经营理念过于保守

中国南方地区的中小企业很多，中小企业主"安于现状、小富即安、子承父业"的观念较深，因此这种守旧的管理视角思考的是企业在现阶段如何赚钱，忽视企业远期如何发展。由于这种经营理念，企业经营者也不会在产品的设计和技术上投入资金。❶

工业设计是以人的需求为依据，以专业的工业产品设计为主要领域，融合了技术、艺术、经济、环境等多种学科，并通过创新开发，确保产品的外观、性能、结构协调，提供舒适的产品技术功能和美的享受。它随着人类近代工业的出现而产生，又随着工业化的发展而前进，是近代服务业的关键环节，也是技术、艺术和文化转化为生产力的核心环节。随着工业化进程的加速和水平的提升，工业设计已从过去的产品性能、外观设计扩展到工艺流程、生产环境、产品包装、营销等产品生产和流通进程的设计。工业设计主要是成熟技术的应用，从技术进步的角度看不属于原始创新，但却是相关领域更广泛的集成创新。据发达国家工业设计发展史，当人均 GDP 达到 1000 美元时，设计在经济运行中的价值开始受到人们的关注。如果 GDP 超过 2000 美元，设计就会成为经济前进的重要主导因素之一。当社会进入以创新引领实现价值增长的经济发展阶段时，工业设计将成为先导产业，成为创新资源、增加社会积累、增强综合国力的重要组成部分。

鉴于工业设计能够对经济产生巨大牵引力，其思维的创新、潜在的高附加值和商业价值之外的文化特征，西方许多发达国家已从国策的高度加以认识。20 世纪初，欧洲国家曾首次整合工业设计资源。例如，德国政府主导下成立了"德国工业设计同盟"，结合技术、商业和艺术的优势解决德国工业产品的质量和设计问题，奠定了现代德国工业品牌优势的重要基础。20 世纪中期，英国等欧洲国家再次将工业设计视为国策，第二次整合工业设计资源，

---

❶ 谢冰. 基于金融危机背景下的浙江中小企业发展与管理困境分析, 企业家天地（下旬刊）, 2009,（12）, 14-16.

大力推进欧洲品牌战略和全球贸易工业战略。最近几年，一些国家再次提倡第三次设计资源整合，即跨领域、跨行业的"文化创意产业"，表明工业设计在全世界产业前进中的战略地位越来越重要了。工业设计在企业技术创新中的作用主要表现在四个方面。

①工业设计建立了产品品牌

品牌最初的基础是产品个性化，而设计是创造这个个性化的先决条件。设计师格斯达巴茨认为，从世界经济竞争的综合情况来看，价格和品质不再是核心竞争力，而品牌才是企业获得利益的根本途径。设计是企业品牌的重要因素，因此，必须重视工业设计能力的提高，否则成为一流企业是难以实现的。美国的工业设计专家惠特尼教授认为，韩国的三星公司是"采用品牌设计，增加利润的典型"。三星集团总裁李健熙从"节约成本"战略转向了"设计独特成本"战略。李健熙表示："削减成本不会使三星崩溃，但无法使三星成为世界上最著名的品牌。" 2004 年，三星获得了全球工业设计评比的 5 个奖项，三星的营销业绩从 2003 年的 398 亿美元增加到 2004 年的 500 亿美元。利润从 2003 年的 52 亿美元增加到 2004 年的 100 亿美元，《商业周刊》评价说，三星从"模仿猫"变成了"太极虎"。

②工业设计缔造了产品的高附加值

根据美国职业设计师协会的调查统计，美国企业在工业设计中每投入 1 美元，可以实现销售收入 2500 美元。根据日本日立公司的统计，销售额 1000 亿日元中工业设计的功能占 51%，技术改造的功能占 12%。中国海尔集团自 20 世纪 90 年代中期以来，每年投入设计费 8000 多万元，集团销售额则以平均 80% 以上的速度增长。英国议会公布的科研结果显示，英国增长最快的企业在制造方面显著加强了工业设计的应用。在快速成长的企业中，大约有 71% 的公司集设计、革新、创新和公司运作为一体。与此比照，与前年相比无增长的公司中，67% 没有设计活动。可以看出，工业产品设计所创造的附加值远远超过了技术改造。

③工业设计水平直接反映企业的技术革新能力

工业设计贯穿了产品从概念到生产、流通的整个过程，是产品技术开发与材料结合的依据，因此，企业的设计更新水平将直接影响技术创新的能力和水平。好的设计创新将大大推动企业技术革新的前进。韩国企业应用工业设计的比例达到 60%，企业设计费用达到总销售收入的 6%。三星公司提倡在设计中管理生产。三星设计师詹姆斯·乔："三星是设计师将创意交给工程师，工程师在此基础上开发功能。但其他许多公司并不是这样，设计师的任务只是为已有的产品加上一个壳而已"，这也是很多企业的产品缺乏竞争力的主要原因。在芬兰，企业使用工业设计的平均占比为 41%，传统产业使用工业设计的平均占比为 80%，而出口企业更是拥有自己的产品设计或品牌战略。因此，芬兰成为世界工业设计强国的同时，发明创造水平也居世界首位。

④工业设计是制造业前进的引领

发达工业国家通过工业设计牵引制造业的前进。日本轿车业的发展印证了这点。第二次世界大战之后，日本为发展汽车工业，首先就是提高汽车设计水平。日本政府广泛邀请海外设计师到日本举办设计研讨会，同时，派遣大批设计师到美国、意大利和德国等国家接受设计教育。1955 年，日本开始了"国产车规划"，全面开发制造自主设计的轿车。进入 20 世纪 60 年代，随着日本汽车保有量的迅速增加，汽车业界开始着手"大众汽车"的设计开发，确立了这一时期日本国产车的设计开发技术体系。从 1962 年到 1967 年的五年间，日本轿车的数量从 500 万辆增加到 1000 万辆。轿车数量的快速增加导致了交通事故、空气污染、石油危机等各种问题。轿车的设计开始注重提高安全性、环境保护、节约能源等，如安全保险杠的引入，轿车安全带的安装，节约能源的改善等，因而日本汽车的性能和节能效率超过其他国家。20 世纪 60 年代末，日本的汽车大规模出口，在欧洲的市场上曾一度取代美国。为了开发适应当地需求的产品，20 世纪 70 年代以后，日本在海外设立了设计中心，依靠当地的设计师研发适合当地市场的产品，陆续在欧洲多国和美国建立设计中心。这一战略作为日本汽车海外开发的基本战略，使日本的世界汽车销售量迅速增加，轿车出口量从 1970 年的 100 万辆增加到 1977 年的 400 万辆。目前，中国一汽、吉利、奇瑞等车企也将工业设计作为了研发的一部分，使企业的经济效益得到显著提升。

通过以上分析可以看出，工业设计推进了中小企业技术创新，加快了产品结构升级，对于创建自主品牌而言是投资少、见效快、效益好的途径。因此，企业和政府应做好推进工业设计的工作，贯彻实施推动中小企业技术革新的重要战略。

①转换观念，扩大工业设计经费投入

目前，我国的很多中小企业的产品设计仍然停留在简单的模仿阶段，需要尽快摆脱这样的情形，实现从模仿到创新的替换，务必把发展工业设计作为企业技术革新的重要组成部分，从思想观念上加以重视。组织基础上，把设计置于和技术革新同样重要的地位，企业领导人直接负责。新产品开发的技术人员更要听取设计师的意见。费用方面，应该把产品设计费用作为企业研发费用的一部分，并根据企业发展逐步扩大比例。另外，企业应加强设计师的训练，提高设计师水平。

②提高与设计公司合作的紧密度

很多中小企业的高素质设计人员队伍不足，往往不具备独立的设计能力。因此，借助专门设计公司丰富的人才、技术优势，分工合作、互为促进，有利于迅速提高中小企业的设计创新。同时，中国工业设计产业的发展也提供了广阔的市场空间，这也是海外的许多大型企业创建自主品牌的重要经验。目前，我国各种工业设计公司达 1000 多家，这些企业为中小企业的产品设计提供专业服务。

③加强政府的支持

在中小企业的技术创新服务体系中纳入工业设计，投入一定的资金支持，为中小企业构建工业设计服务平台。伴随中国制造业的发展，工业设计作为技术革新的重要战略越来越得到政府的重视。2004 年，国家发展改革委员会开始了工业设计产业发展政策的制定工作。2004 年，无锡市政府成立了第一个国家工业设计园，推进无锡制造业，辐射带动长江三角洲地区以及全国工业设计产业的发展，起到了重要的示范作用。2005 年，北京市政府创建首都工业设计创新产业基地（DRC），该基地立足北京市，面向国内外组建设计资源库，提供设计服务平台，成立设计专业孵化基地。这些公共服务平台将会为助力中小企业的工业设计服务。

工业设计增加产品实用功能外的附加价值，建立核心竞争力，形成自主品牌的关键。但从浙江省的现状来看，大量中小企业的产业结构偏向加工制造，自主创新能力处于培养和萌芽的阶段，产品的设计和研究还处于初期发展阶段，相对于大型规模企业和西方发达国家，沿袭其已有体制既不可能也不现实，需要寻求与外部经济环境和企业现实需求相适应的产品创新途径与设计模式。

3.2　经济模式和需求特征转变对产品设计响应方式的影响

（1）非物质化社会趋势

20 世纪 90 年代以来，当代资本主义社会出现了非物质化潮流。越来越多的人开始接受非物质化的价值观和消费方式，非物质化的价值理念对社会生产和社会生活的影响变得显著。揭开这种趋势变化的成因，可以帮助我们更好地理解当代资本主义社会，并在构建资源节约型、环境友好型社会的过程中得到启示。

为保持生态平衡，以便实现经济、社会与环境的和谐前进，代表生态现代化和现代生活消费方式的非物质化发展倾向在西方发达国家出现。20 世纪 90 年代以来，英国、法国、德国、奥地利等国的学者先后开始对非物质化现象进行研究，提出了一些见解。德国学者施米特·布雷克（F.Schmidt - Bleek）主张节约型的发展模式，提倡"减物质化"和"非物质化"，减少每单位产出的能源、自然资源和物质消耗。他指出："如果减物质化是从制造商的角度来计算如何驱动可持续发展的前进（作为提供方来考虑），那么与消费者（作为需求方来考虑）相对应的是非物质化。"英国学者戴维·利沃斯从信息化对社会变迁的影响角度出发，研究了非物质化问题。他说："非物质化是通过信息技术满足人类社会需求，逐渐替代人类对物质产品过度需求的过程。"

综合西方研究可以发现，非物质化（Immaterialisation）是指在社会生产和社会生活领域，以非物质的形式代替有形的物质，满足人们的需求，从源头上减少资源消耗，促进社会进步的方式，其目的是改变人们的消费行为，实现社会经济的良性发展。当前，非物质化在西方发达国家社会生产和社会生活中已经成为一种趋势。

①更加注重推动非物质化在经济发展中的作用，进一步挖掘知识资源和信息化中储存的非物质化发展潜力，推进非物质化在经济发展中的作用。

随着科学技术的进步，生产力的发展已不再依赖于对物质资源越来越多的开发、利用和消耗，依靠知识创新和信息化发展等非物质化要素也可以促进生产力的发展。当前，知识和科学已经变成最紧要的生产要素，科学研究、设计、咨询、信息、专利等的"知识产品"的生产发展中的作用日益突出。依据美国经济学家罗伯特·索洛提出的经济增长的公式计算：20世纪80年代美国科学技术进步在经济增长中的贡献率达到66%，20世纪末，西方发达国家科学技术进步的贡献率达到了80%。产品设计、工程支援、技术开发、信息技术支援、资讯服务、广告宣传、新闻传播等"知识产业"占发达国家国内生产总值的70%。随着许多非物质化"知识产品"在生产中的应用，西方发达国家在减少大量资源、能源消耗的条件下，仍能保持经济持续增长。非物质化的语境中，"创新成为经济和社会生活的核心内容"，如人口900万人的瑞典，专利局平均每年受理5000件专利申请。

特别是近几十年来，西方发达国家信息技术全面突破，互联网给社会生产生活带来了根本变革。"无纸化"盛行，电子邮件、网上下载、可视多媒体会议等正在普及。信息化的发展意味部分物质形态将被信息技术手段所代，非物质化的发展也同样可以促进社会生产力的进步。因此，西方社会开始关注如何发掘信息化中储存的非物质化发展潜力。

②更加重视推进文化产业、观光产业等非物质化经济向前发展。

由于可以在减少资源、能源消耗的情况下促进经济发展，西方国家的一些有识之士开始关注文化产业和生态旅游产业，他们认为工业化社会对人类需求的满足，大部分都与食品、住房和安全等物质要求有关，但是，人类还需要尊严和关怀，所以文化产业和旅游产业在西方国家迅速发展起来。目前，旅游业已成为发达国家经济的优势产业和重要支柱产业之一。❶

---

❶　胡连生．当代资本主义非物质化趋势评，江汉论坛，2009年第04期，35-36.

（2）2.5 产业 **❶**

① 2.5 产业概念

"2.5 产业" 指介于第二、第三产业中，同时具备服务、贸易、结算等第三产业管理中心的功能，以及专门的研究开发中心、核心技术产品的生产中心和近代物流运行等第二产业运营服务的功能。

2.5 产业不仅是产业概念和口号，而且是整个生产性服务集中性的表现。真正 2.5 产业的内涵在于：生产性服务为主，创新传统产品的生产和流通模式，依据市场发展的需要，以生产性服务业为主体，以设计开发、虚拟工厂为表现，整合全产业价值链。

② 2.5 产业的核心是生产性服务

现代社会服务在全社会就业和国民经济中越来越重要。同时，第三次技术革命也强力推进了服务行业内部的产业结构提升，生产性服务业开始从工业分离，服务产品的内容、性质及在国民经济中的地位和作用都发生了巨大变化。

服务行业的职业等级在传统价值观中通常处于中下水准，一般只包含生活和消费服务，这些工作的技术要求不高，内容单调，报酬也有限，因此不被认为是经济中不可缺少的组成部分。但是，随着生产性服务业的发展，传统的服务和服务业的价值观受到颠覆性的冲击，高技术含量、高知识含量、高附加价值和高管理水平的生产性企业服务已取代传统的生活服务和消费性服务，成为目前主要的服务产品或服务主体。同时，鉴于知识、信息、管理和高科技的集中应用，服务和服务业在国民经济中的比重已经成为反映和判断一个国家经济现代化水平的重要标志。

生产性服务，别称"生产者服务"或"生产服务"，是指作为商品或其他服务生产进程的投入而发挥作用的服务。生产性服务面向中间用户和终端用户两个市场。生产性服务的涉及领域与生活消费服务业同样广泛，包括金融、保险、法律、会计、企业咨询、科研开发、工程设计、房地产、工程和产品维修、运输、通信、广告、仓储、人事、行政等。

生产性服务也可以称为"服务生产的外在化"。服务生产的外在化是企业内部生产单位从企业分离和独立的倾向。降低生产成本，提升生产效率，提高企业经营的专业性是分离和独立的目的。在发达国家，生产性服务已经渗透到生产流程中产前、产中、产后三个阶段，使产品的附加值开始超出物质生产阶段创造的附加值。生产性服务已经是生产者所生产的产品升值的显著来源，也是工业企业非价格竞争的决定性要素。技术密集型或知识密集型的服务是商品和服务提高竞争力和效率的关键。服务业，尤其是生产性服务业，在国民经济价值

---

❶　http://wiki.mbalib.com/wiki/2.5%E4%BA%A7%E4%B8%9A.

构成和职业构成中的流量日益增加，服务经济已成为工业社会向信息社会转型时期的标志性经济结构。

③ 2.5产业价值链分析

生产性服务业带动了新的发展契机。生产性服务成为国际产业发展大趋势，发展2.5产业需要面向国际，在产业定位和发展的过程中，把生产性服务的观念贯穿始终，以市场和客户需求为导向，从设计开发、虚拟制造、销售市场的价值链全程提供专业的服务。

重视市场信息的调查，推进产品的研究开发和设计。目前，全国高技术开发区和著名企业的研究开发中心很多，但"2.5产业"应考虑更远，定位更高，不仅建设企业研发生产和创新中心，更要成为标准的制定者和研究开发机构的领导者，这是无法模仿和复制的。

在研发和中试后，建设虚拟制造中心，而不再像以往那样建立大型量产厂房，在产业定位和未来发展进程中充分理解2.5产业的内涵，进入经济全球化的熔炉中，引进一体化生产系统，详述如下。

全球化：采用世界资源，实现研发、生产制造、采购和行销的全球优化配备，进入其国际生产价值链。

一体化：相互并存，互相渗透，实现产业链的资源整合。

竞争力：优化成本结构、提升质量和功能，集聚资源提高核心竞争力。

方式：全程服务决定生产方式和交易方式。

前景：获得产业链核心端，其他业务外包或授权。

（3）绿色制造●

①绿色制造概述

绿色制造（Green Manufacturing），又称环境意识制造（Environmentally Conscious Manufacturing，ECM）、面向环境的制造（Manufacturing For Environment，MFE）和清洁制造等。

绿色制造是综合考虑环境影响和资源效率的现代制造模式，从设计、制造、封装、运输、应用到废弃的产品生命周期中，对环境的影响最小，资源效率最高（图3-1）。

近些年，关于绿色制造的研究十分活跃。1996年，美国制造工程师学会（SME）宣布了关于绿色制造的蓝皮书 Green Manufacturing，倡导绿色制造，并对其内蕴和功能等进行了系统阐述。1998年，SME又在互联网络上发布了《绿色制造的发展趋势》的主题报告。美国加利福尼亚大学伯克利分校不仅设立了有关环境观念设计和制造的研究组织，还在互联网络上建立了可以进行系统搜索的绿色制造网页 Greenmfg。国际生产工程学会（CIRP）近年

● http://wiki.mbalib.com/wiki/%E7%BB%BF%E8%89%B2%E5%88%B6%E9%80%A0.

来发布了多篇有关环境意识制造和多生命周期工程的研究论文。美国 AT&T 和很多企业作为企业形式也开展了大量的科学研究。值得一提的是，近年来，国际标准化组织（ISO）倡导有关环境管理的 14000 系列标准，推动了绿色制造研究的发展，在世界范围内掀起了绿色制造研究的强大浪潮。在国内，这一领域的科研正在发展。近年来，有关资源和能源的问题，在绿色制造方面引发出了许多科学研究，绿色制造的研究已经被迅速展开。但"绿色制造"本身的提出和研究的历史比较短，现有的研究多是概念研究，仅仅停留在一般的观点和方法阶段，许多问题还需要深入探讨，尤其是绿色制造需要从系统和综合的视角考虑并处理相关问题。

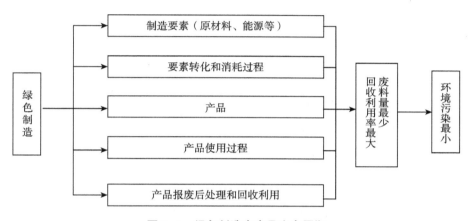

图 3-1　绿色制造中产品生命周期

②绿色制造的内涵

绿色制造概念的出现和研究的发展非常短暂，其定义和内涵还处于探索阶段，还没有统一的定义。综述当今文献，特别是美国制造工程学会蓝皮书的提法和作者的研究，绿色制造的内涵可以概括为：绿色制造是整体评估环境影响和资源效率的现代制造模式。其目的在于使产品从设计、制造、封装、运输、应用到废弃的产品生命周期中，对环境的影响（副作用）最小，资源效率最高。

绿色制造从产品设计开始就注重对资源和环境的影响因素，通过绿色工艺、绿色材料和严格的技术管理，使废弃物最小化，并使废弃物资源化、无害化成为可能，使企业的经济效益和社会效益达到最佳。图 3-2 显示了绿色生态型制造企业模型。先进的现代制造模式可以看作是"大制造"的概念。绿色制造中的"制造"是自然界向自然界可持续无限循环的一环，是组成广义绿色物质宇宙的大通道，是面向产品全生命周期的制造过程。故此，绿色制造涉及多学科交错和融合，反映了现代制造学科"大制造、大过程、学科交叉"的特点。

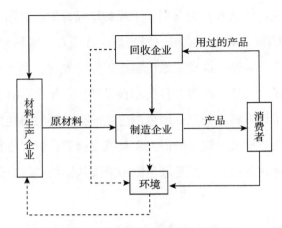

图3-2   绿色生态型制造企业模型

③绿色制造的集成特性

A. 绿色制造的问题领域及其集成特点

绿色制造的含义表明，与绿色制造相关的领域可分为三个部分：a. 制造，包括产品生命周期的始末；b. 环境；c. 资源。绿色制造是这三个部分的交叉和集成（图3-3）。

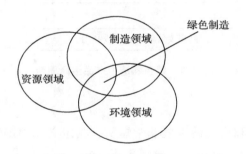

图3-3   绿色制造集成

B. 绿色制造的主要内容及其集成特点

结合绿色制造的内容，产品生命周期的主要环节中应该体现的是"五绿"（绿色设计、绿色材料、绿色工艺、绿色包装、绿色处理）。"五绿"应该融合考量，其中绿色设计是核心，其"设计"是广义的，不仅是产品设计，还包括产品制造过程和制造环境的设计。绿色设计决定了材料、流水线、包装和产品最终处理的绿色性。

C. 绿色制造的综合效益

绿色制造不光是一种社会效益巨大的行业类型，也是获取巨大经济效益的有效手段。如通过绿色制造，可以最大限度地发展利用资源，减少资源消耗，直接降低成本，减少或消除环境污染，减少或避免环境污染造成的损失；而且，绿色制造过程可以全面改进或提升企业职工的劳动环境，改善职工的健康状况，增进员工的安全性，减少开支。同时，可以使职工心情舒畅，提高员工的主观能动性和工作效率。除了创造了更大的利润外，绿色制造还为企业增添了无形资产，使企业具有良好的社会形象。绿色制造不应该理解为被动地遵守政府或专家制定的规章制度，而应该是一种战略性经营决策，实施绿色生产对企业来说是机会，而非不得已的行为。如近年来某些城市规定，尾气排放超出标准的汽车，不能进入主城区。这样的汽车在主城区减少后，空缺的市场机会就留给了小排放量的汽车生产厂家。绿色制造需要必要的前期投入，会增加企业的成本。根据现实变化，对绿色制造的意义和机制进行对比分析，也可以把握绿色制造的经济效益。绿色制造是社会效益和经济效益的集成。

D. 绿色制造系统中的信息集成

绿色制造过程除结合传统制造过程相关的所有信息外，还特别考虑资源消耗信息和环境影响信息，并联系起来综合分析。将制造系统的信息流、材料流和能量流有机地结合起来，进行系统地集成和优化处理。

E. 绿色制造的过程集成

根据绿色制造的定义，绿色制造涵盖产品生命周期的各个进程，是建立在数据库和数据交换标准基础上的产品多生命周期的集成。

F. 绿色制造的集成功能目标体系

绿色制造的职能应该是多方面的。该职能目标模型简称 TQCSE 模型，T 表示时刻，Q 表示品质，C 表示成本，S 表示服务，E 表示环境。E 指通过绿色制造技术，最大限度地消除对环境的负面影响，增强环境效益。需要指出的是，传统的职能目标不包括 E，而是将其相关功能分解到 T、Q、C、S 四个目标里。随着科技的进步和社会的发展，一方面，制造业成为影响环境的主要因素的发源地，另一方面，ISO14000 的推行使制造业必须重视环境的问题，环境目标与 T、Q、C、S 目标同等重要，甚至更重要。TQCSE 模型还表明，T、Q、C、S、E 是相互关联的，它们是构成绿色制造功能目标的有机整体。从长期来看，绿色制造的 TQCSE 模型有可能会成为 TQCSER 模型，这里的 R 代表资源，因为资源越来越稀缺，从社会利益的角度考虑，企业应该尽可能减少资源消耗。

G. 绿色制造的社会化集成特性

绿色制造是个复杂的系统工程，需要全社会的参与和社会化的集成，具体来说有如下两方面。

（A）法律行为、政府行为和企业行为的集成

绿色制造是企业的行为，但企业是否能够把绿色制造作为真正自觉的行为，需要法律

行为和政府行为先期到位。

首先，绿色制造需要的法律和政府行为是立法和行政法规的问题。目前，这方面的法律和行政法规对绿色制造还无法形成全面而有力的支撑，对相关责任人的惩罚力度也很有限。如一些企业可以通过大量消耗资源、牺牲环境来获得巨大利益。由于对环境污染的惩罚力度不够，企业即使承担罚款也能获得利益，因此对环境污染的预防和治理的积极性并不高。立法现在更受到各国的重视，有关环境污染和资源消耗的法律已经制定，有力地推动了绿色制造的实施。

其次，政府还可以规划经济政策，以市场经济体制引导绿色制造。如针对性地制定资源消耗的价格政策，严格控制企业直接使用不可再生资源和虽可再生但是开采后可能对环境有影响的资源，企业将尽可能少地使用这类资源，而转为开发其他替代资源。汽车尾气污染是任何一个城市都难以避免的问题，政府可对汽车的每一次定期检查都测定尾气排放水平，征收高额的排污费。如此一来，污染气体排放量大的汽车自然就没有销路，市场机制会迫使汽车厂商生产绿色汽车。

（B）企业、产品、用户三者之间的新型集成关系

企业要想有效地执行绿色制造，必须考虑产品寿命结束后的回收和处理，这可能造就企业、产品、用户三者之间的新型集成关系。有关专家提出，可以考虑，对那些需要回收处理的产品（汽车、冰箱、空调、彩电等），用户只购买其使用权，企业拥有所有权，并且必须进行产品废弃后的回收处理。

④绿色集成制造系统的提出

绿色制造的内涵和绿色制造的集成特性表明，绿色制造是复杂的系统工程。所有的集成特性表明绿色制造的关键特性是集成性。为满足社会可持续发展的需求，现代制造系统应是绿色制造系统；绿色制造的集成特性要求绿色制造系统必须是一个集成制造系统。综上所述，提出了"绿色集成制造系统（Green Integrated Manufacturing System, GIMS）"，这一系统是可延续性的企业组织、管理和运营的新模式。它综合运用现代制造技术、信息技术、自动化技术、管理技术和环境技术，有机地整合企业管理中的人、技术、经营管理、能源资源和生态环境，包括信息的流动、材料的流动、能量的流动和资本的流动，实现整体优化企业和生态环境。由此，实现产品出品快、质量高、成本低、服务好、环境影响小，获得竞争优势和良好的经济效益和社会效益。

⑤绿色集成制造系统的系统构成框架

从系统功能的角度看，一般而言，绿色集成制造系统（GIMS）包括管理信息系统、绿色设计系统、制作过程系统、质量保证系统、物能资源系统和环境影响评价系统六个功能

子系统，以及计算机通信网络系统和数据库、知识库系统等两个支持分支系统和外部联系。以下简单介绍八个子系统中与绿色制造直接相关的几个分系统。

A. 绿色设计系统

GIMS 中的绿色设计系统，除包括一般现代集成制造系统（CIMS）中的工程设计自动化系统的有关内容（如 CAD、CAPP、CAM 等）外，还特别强调绿色设计。绿色设计是在产品连同其生命周期始末的设计中，充分考虑对资源和环境的影响，不仅关注产品的功能、品质、开发周期和成本，也对相关设计要素加以优化，将产品和制造进程对环境带来的整体影响降至最低，因而也称为面向环境的设计（Design for Environment，DFE）。

B. 物能资源系统

物能资源系统主要包括以下三方面内容：（a）选择对环境有利的产品材料，在产品设计中尽量选择对生态环境影响较小的材料，即绿色材料。（b）面向产品的生命周期和多生命周期的物流体系。（c）能源流动系统，包括消费状态（各消费周期的构成、利用率、损失率等）、对环境的影响等。

C. 制造过程系统

制造过程系统除了涵盖现代集成制造系统的制造自动化系统的相关因素外，还特别强调绿色制造工艺，即清洁化生产工艺。

D. 环境影响评估系统

环境影响评估体系的内容主要包括：

（A）制造过程物料资源的消耗状况；

（B）制造过程能源的消耗状况；

（C）制造过程对环境的污染状况；

（D）产品使用过程对环境的污染状况；

（E）产品寿命终结后对环境的污染状况。

（5）实时企业 ❶

①实时企业的定义

世界著名的 IT 顾问公司 Gartner 曾经提出 ERP、CRM、ERPII 等经典企业管理的理念。2002 年底，经过不同背景、不同学科分析员的调研，Gartner 总结出了对企业管理具有深远影响的业务概念 RTE（实时企业）。Gartner 将实时企业定义为：利用最新信息积极消除关键工作流程中的管理和执行中的延迟，从而展开竞争的企业。简单地说，RTE 不是一种技术，

❶　http：//wiki.mbalib.com/wiki/%E5%AE%9E%E6%97%B6%E4%BC%81%E4%B8%9A.

而是一种经营管理的能力。

实时企业是四个字的关联，并非指单个企业，而是经营企业的理念。这种视角可以说是一种企业管理文化、管理哲学。意味着企业管理者和员工每天都能很好地理解企业的竞争环境、企业物流、信息流、资金流的进出变化，并依据以往的体验准确、迅速地反馈。实时企业的核心理念是构筑"企业神经系统"。

②实时企业的特点

所谓 RTE，第一是提高信息能见度，第二是提高信息准确度，第三是提高信息及时度，第四是提高信息集成度。

RTE 让企业体会到信息高速流通的价值，这是对企业管理的巨大回报。信息的顺畅直达将消除企业经营管理单位的"隔山卖牛"——企业的目标成本管理使企业提供报价有据可依；改进僵硬、迟钝的产品生产线，从设计到管理，按照定额进行采购、生产、配置就可以了。为数值存在提供了速度和便利，RTE 使企业拥有力量，以明确、系统的方式捕捉价值，提高信息的可视程度的同时，信息的价值也反映出来，如果企业的信息积累到某种规模，就可以建立自己的数据仓库，通过数据挖掘，很好地辅助决策，最终提高企业的工作速度和准确性。企业将产生"马太效应"，从而进入良性循环。

A. 实时处理的需求

数码企业依据数字信息做出决策，按照需求的时间（新颖性、及时性）、需要的内容（完全性、关联性、准确性）和必要的形式（详细性、提示性）提供的信息，才是在时间上有价值的信息。

（A）处理的需求

包含实时处理的速度、数据的净化、交换、可测性。在过程请求中，最明显的要求是访问工作数据并将其转换为有用信息的过程。当大量数据传输占用网络服务资源时，信息传输形式的选择是不可忽视的问题，因为信息传输存在着剥夺企业重要交易处理的风险。对于数据必须保证其一致性和完整性，修正在不同数据库中表述非唯一的定义。

（B）广泛联系的需求

指企业管理的连接性，即实时和分时的连接广域数据源的能力。实时分析从大量的潜在的资源综合要求的数据，其中包括大量的非结构数据库，它们的存在也许是企业实现信息化的过程中，为了支持不同软件供应商分别开发的 ERP、DRM、PDM 等系统的原因。无论哪一种路径，都能从尽可能多的资源中动态地访问数据，保证信息的访问对分析有效。

（C）动态元数据架构的需求

该架构是从企业全部数据来源中交换信息，并确保历史联系相关性的重要技术。综合是信息智能化的关键，元数据管理则是成功综合的关键点，保证动态数据与其他组成成分交换的兼容性，提高准确性，保证整个系统的内存留存。动态的元数据结构是各种系统如数据源、模块工具、分析工具以及新的应用程序，甚至是系统、用户及权限变更时的关键。

（D）有效管理的需求

实时企业应可以管理各种实时分析结构成分，自动系统备份和维护。

B. 实时操作的限制

实时操作展现了信息和行动间的紧密联系。事实上，现代企业正力图实现实时操作，以便在业务流程、功能领域等超越地域和公司实体，使管理者们获得买卖活动的高速信息和精密测量能力，来面对订单、提供制造需求给制造业、处理继续买卖活动，提供对收入的洞察力。但是，目前的企业经营内外交易和行为没有完全重组，如销售预测与财务报告和制造业的系统没有整合。数字化被作为企业中单一层面的改良工作，企业计划形成过程和策略制定过程中，管理人员的经验是各环节的黏合剂，指令的传达依赖特定人员的潜在知识。因此，实时操作遭遇困难，多数企业的努力和投资在运营中无形消散，运用信息技术收集的大量数据安静地躺在机器中，而支持决策的信息却严重不足。

实质上，决策者需求的是大量信息中提取的少量特定信息，故此实现实时操作的关键是具有数据挖掘的条件。条件涉及两方面：一是有数据，二是有工具。计算机硬件软件的发展为企业收集、管理数据提供了条件，企业可以依据自身需求建立数据库、数据集市，定期对数据仓库进行跟踪，不同级别的管理员（如信息用户和信息浏览者）可以根据权限对数据进行分类、编译和挖掘，以获得有用的信息。因此，如何建立 RTE 支持环境，如何实现信息的来源采集和历史数据的转换，如何实现企业的员工参与企业的数字化运营是企业实施 RTE 时应解决的问题。

③实时企业的实践

RTE 的实践早已开始。例如，在 20 世纪 70 年代，日本已经倡导了 JIT（Justintime）的概念，即实时生产制造的概念，协助企业管理者将成本降到最低，速度提到最快，质量提高到最高。与 RTE 有异曲同工之妙，所不同的是当时 JIT 并没有互联网等 IT 的实现技术。而 .com 经济泡沫破灭以后，互联网络并未消失，没有放慢前进的步履，它已经被企业内部化了，互联网的内部化也将帮助企业消除关键流程中的延迟。

④实时企业的优势

大多数企业在获取重点信息方面还明显滞后。因为使用的信息不是实时的，所以有对企业不利的地方，如错误的再订购与交付决策，把生意丢给了更灵活的竞争对手，把商品交给破产后无力支付的客户，失去与供应商及客户进行谈判的能力，达不到最佳生产与分销进度，一旦有实时信息的时候不得不重新调整工作等。

一般来说，RTE（实时企业）的优势将表现在：更有效地利用工厂与设备，库存更低，现金需求量更低，人员需求量更少，对外部环境的变化有更深入的认识，因此响应速度更快等方面。

错误的、缓慢的数据获得以及它们导致的成本增加将影响所有过程。其结果是如果外部进程出现错误，就会给企业造成损失。提供错误的库存、价格和送货日程方面的信息给供应商，即使不会立即产生损失，至少效率降低了。为了简化这些外部程序，应移除其中重复数据获取和输入环节，并且不管企业的边界如何，信息流动应贯穿整个价值链。

那么如何创造实时创造价值呢？许多实时流程都已证明它们的商业价值，如之所以能够在线出售机票，就是因为能够获得订票情况的实时信息；银行允许提取现金，就是因为他们知道账户的实时状态；接受第二天就要交付的订单，就是因为在下订单时就能够知道仓库中有货可送；对红绿灯变换的自动调整，能够改进交通状况；在线股票交易使用的是类实时数据等。

所有这些行为都使用技术来提供速度与精确性，单个地看，它们都仅仅是一些不错的商业行为；一旦综合起来，它们就能促成实时企业的实现。

RTE 并不是一个静态目标，也不是一个按期完成的项目，而是一个过程。因此，向实时企业的迈进是现在就可以着手进行的，如。

确定五到七个从供应商到客户的主要流程，核算每个流程的总体成本，确定流经每个流程所要花费的时间，对显著提高该流程的速度的潜力进行评估，根据机会价值与实施能力确定这些流程的优先次序。

要想成为实时企业，一夜之间是不可能实现的，而且并不适合于所有流程。头脑清晰的领导应该进行多方面协商，找出大家的共同目标和解决方案。

成为实时企业确实需要一定的时间。但通过成为实时企业，可以挖掘其真实价值。战略计划的重点，总是根据时间的紧迫性确定内部流程和外部流程的关键环节，同时有必要决定行动的优先度。

⑤成就实时企业的策略

实时企业代表企业整体素质的提高，所以从内到外，从软件到硬件，都应具备良好的环境。实时企业的建立应掌握以下策略。

A. 实时企业的基础是管理。

机制可以保证促进管理的数字化工作。实时企业的建立要求高级管理人员的支持和参与，只有领导层的共识，企业实时化工作才能持续推进；高级管理人员理解本企业的特点，知晓企业管理存在的问题，知道企业需要怎样的数字化软件。

B. 企业必须重新构建工作流程。

工作流程再造（BPR）从根本上重新思考企业的工作流程，并进行彻底的再设计，取得可以用成本、质量、服务、速度等业绩来评价的成果。企业中的组织依据流程设定，而非流程因组织而定，从企业的高度，对价值链的各个环节进行有效的管理，才能以最快速度满足顾客不断变化的需求。

C. 统一规划、分步实施。

实现 RTE 是一项具有挑战性的工程，是逐步完善的过程，应该立足当前需求和战略发展，制定总体规划。在实施的过程中，可以根据企业的实际情况，分步实施。RTE 一般经过建立企业内部网络、接入互联网、全面实现企业管理电子化三个阶段。每个阶段又可分成不同的子阶段。

D. 硬件基础设施的建设。必须构筑企业内部网络、外部网络，并连接到互联网。网络建设需要是全天候实时在线的稳定网络支撑，三层架构（客户服务、中间层服务和数据库服务）技术是解决问题的关键，国外的一些解决方案供应商已经成功地采用了这种技术，例如 SAP 的 R/3 系统。

E. 信息资源的规划。从诺兰模型的曲线来看，有数据的集成才能实现应用的集成，所以即使企业的数字化进程是分步骤实施的，也必须首先统一数据环境，如创建主题数据库，高层级数据环境的建设决定了企业的数字化应用水平。

F. 企业管理的数字化。即打造内部信息平台，实现企业内部信息共享，使企业经营中的信息能及时、准确地在企业各部门之间流通。

G. 电子商务的应用。即建设外部信息平台，主要是企业网站建设和推广、互联网营销、互联网信息发布和采集等。如果说数字管理是完善企业内部管理的话，电子商务则是完善企业与外部空间沟通的平台。开拓电子商务为企业集聚贸易经营的新源泉，为企业经营管理实时提供商业信息，掌握顾客信息反馈和为顾客提供跟踪服务，并与客户保持交流和接触，展开商务监视和反监视，建立网站提升企业形象。

H. 数字人才的管理。企业可以培训专业人才，以保证数字化进程的稳定推进，包括信息技术人员、应用人员和数字管理人员。人才培养要有规划地进展，通过企业数字化建设过程的考验和训练，培育一支信息技术应用人才队伍；同时，在高级信息人才引进、培养上，以及管理、体制和政策方面应创造条件；有条件的企业应当设置专职信息技术总监 CIO，他代表企业管理者全权负责企业 RTE 建设，全局性地统筹信息资源管理与决策，对建设方案、资金投入、工程执行、网络管理、人员调整等方面具有决策权，从而不断提高企业数字化应用水平。

实时企业的目标很简单：为企业用户提供所需数据，使企业利益最大化，打消供应链延迟，更好地控制生产。RTE 的实现将帮助企业迎接实时分析较高数据流的挑战，并从中受益，实现更有效的决策和更理想的运行，并获得比信息不足的竞争对手更大的成功。所以，无论有什么困难，企业都要把握机会实现 RTE，因为机会一旦失去就不会再来。

⑥如何走向实时企业

RTE 成为企业经营管理的目标，也有成为企业经营管理模式的倾向。RTE 无法脱离企业管理的基础而存在，"实时企业"的实现也没有捷径可循，这是企业管理的全面提高和升级的过程，其中管理控制是实现"实时企业"的最重要的环节。

A. 管理控制的基本过程

管理控制的主要过程有三个：先设定标准、以标准鉴定业绩，并纠正计划执行过程中出现的偏差，当这三个步骤的延迟时间大幅缩短时，"实时企业"的目标才能实现。

（A）建立标准。考虑到计划是控制的依据，控制的第一步就是制订计划。由于计划的详细程度和复杂程度不同，还需要拟定一些具体标准，这些标准必须能够加以考核，它是从全部工作的计划中选择的，对工作成绩进行评判的要点。标准可以用产品数量、服务提供量、工作量、速度等实物量表示，也可以用产品数量、成本、资本支出和利润等金额来表示。定性形式的标准也有很多。

（B）评定成绩。成绩的评定应以预期结果为基础，这样在尚未出现时就能发现偏差，并采取适当的预防措施。敏锐且洞察力强的管理人员，通常能够前瞻性地发现偏差。对于大量生产的产品，其工时容易确定，评定工作计划的实施情况相对简单；但是如果该产品是顾客订购的产品，则相对很难评价业绩。工作的技术含量较低的话，也较难评价其成效。

（C）纠正偏差。在标准能够体现实际情况和鉴定成绩的情况下，可以迅速地纠正工作中的偏差。对偏差的正确性和妥当性进行检查，企业可以使用制定新计划和修正目标的办法来纠正偏差，或使用组织手段来纠正偏差，也可以改进指导和领导工作来纠正偏差。

B. 实现事件驱动

Gartner 对事件的定义是，一个生产经营性事件是企业管理事件中的富有意义的变化，"实时企业"是"事件驱动型"企业。生产经营性事件是业务流程的组成部分，具有"事件驱动型"

流程的企业与具有"企业内部驱动型"流程的企业的工作模式不同。事件驱动型系统具有反应性——也就是说，它会对"机体"外部的刺激做出响应。生产经营性事件是在企业的外部、工作小组或个人的外部发生着变化，这些人感觉到并响应这一事件。例如，事件驱动型在生产经营方面意味着不是按照预定计划来制造产品，而是根据订单来制造。

实现事件型驱动对管理控制的三个步骤提出了更高要求，以前以为是比较困难的事情，但现在需求做到和做好，使解决这些困难反而变得容易了。虽然事件驱动型企业的预测较少，但是这些企业准备的紧急计划较多，因此需要根据这些紧急计划来确定一些具体的标准。这些企业还会保持足够的灵活性，业务流程能动态适应已知的市场状况，而不是简单地优化。

在 RTE 成绩评定中，从提出一次请求到提供响应所耗费的时间可以作为评价单位，具体可以分、秒进行评价。把该时间作为鉴定成绩的标准之一，结合其他标准实施情况的鉴定，有益于管理控制和发现问题，使企业管理更趋灵活，管理控制更加容易实施。RTE 理论对管理控制理论的发展起了一定的作用。例如，闹钟的铃声使人能在早上的沉睡中醒来，这个铃声即是一个外部事件，这将导致某人对闹铃的反应，但是导致此人的穿衣和早餐等行为则是根据以前的经验和事先确定的计划进行的内部事件。因此，RTE 的运行与人生一样，是事件驱动型行为和内部驱动型行为的混合结果。

C. 全面利用信息系统

企业管理向事件驱动型转变过程中，信息技术的全面应用是实现 RTE 的有效手段。目前的信息技术已经能为准备实施 RTE 的企业提供比较有效的工具，而能否产生很好的效果，关键看是否能够在合理的信息架构上，能否在管理控制的各个环节中促进信息技术的应用，全面实现系统和生产业务的集成，实现业务协作和集中管理，维护数据的共享和透明，与外部相关机构（供应链部门、金融机构）建立网络联系。

现有系统应充分利用，如"ERP /SCM"系统完成财务、供应链、生产的统一管理，"CRM"系统完成客户资源的挖掘，"EAM"系统完成企业大型装置等资产的管理，"人力资源管理系统"完成人力资源的评价和考核工作，"项目管理系统"完成工程项目、研究开发项目及其他项目的管理，"BI 系统"完成现有数据的深入利用，"OA 系统"完成各类办公文件的管理，"E-Mail 系统"实现与国内外一般信息的通信，"竞争情报系统"完成竞争对手的情报分析利用，"PDM 系统"完成产品数据的管理，"对外网站"完成对外信息简报和订单受理等，"其他专用系统"用于特定的专门任务等。

⑦实施实时企业的六项规则

RTE（实时企业）的实施不是简单的系统升级，而且成本和风险也很大。大部分企业意识到缩短"端到端"的时间周期所带来的效益，比新的成本削减更明显。他们也同样认为，互联网技术大幅减少了进程时间。但是，业务部门和 IS（Information System）部门的措施不恰当的话，时间变革失败的情况很多。

在 RTE 的实施中，有六项规范要求，其中前三项是针对业务部门的，从 RTE 工作一开始，就帮助企业领导把重点放在关键问题上。这三项规范的重点是确保有明确的目标，并且每个介入变革的人都知道它是什么。后三项规范则针对 IS 部门，保证 IS 机构能够迅速应对业务部门主导的 RTE 事件。

A. 简化思路，选择关键流程环

过多的并行业务变革会引起混乱、进展缓慢或根本没有进展。从 RTE 的角度考虑，企业的重要业务构成若干流程环，这些流程环涉及企业的领导和管理运营层。RTE 的变革规范可应用在企业的任何主要流程，乃至供应商与客户的流程中。然而 RTE 方法不适用于同时应用在所有主要流程中。因此，在企业范围内确定"端到端"的流程简化，选择应首先简化的方面。如果某大型企业有 10 个（甚至 15 个）流程环，建议在 RTE 计划的头两年考虑 2～3 个。这些领域应充分考虑企业特殊业务战略，这是使用网络技术变革时间的关键。

B. 加快一些流程，稳定其他

变革所有的流程会带来风险，所以企业的经营层必须确定想要大幅度变革的流程，以及为了稳定而不加以变更的领域。如在缩减从订单到结款的周期时，企业可以采用 24×7（7 天 ×24 小时）的直销方式来变更计费时间和交付机制，但在第一次变革期间将维持原有定价模式。

RTE 实施的目标应该是简化选定的流程，而不是循序地改善。"实时"要求与流程变革相关的所有人进行猛烈的变革。只有激烈的变革，才能产生打破维持企业现状的创造性思维。因此，管理人员应该从一开始就需要意识到，激进的"端到端"的流程收缩是最终目标。

C. 设定目标，全员宣传

RTE 方法的重要特性之一是时间是简单、易于理解、具有普及性的应用、可测量且低成本的测量指标。正因为简单明了，才能设定高难度的目标。最重要的是，企业的管理者应该广泛地传达具体的、定量的目标，举例如下。

营销总监："现在，我们设计和推出一款新产品平均需要 20 个月的时间。11 月以前，我们要把时间减少到 10 个月。"

财务总监："本公司有一项清晰的、通过收购实现增长的长期战略。然而，通过会计方法和人事管理消化一个收购的公司要花几乎一年的时间。年底以前，我们将把这一时间缩减到 3 个月。"

把具体的、看得见的、简单明了的、公开的目标设定清楚，可以表明变革的预期。如有必要，流程的时间周期可以测量并进行独立的验证，如由审计人员来进行。以此作为高级管理层的业绩评价标准，就可以把这些目标传达给企业管理团队，这也可以作为评价相关项目和事件进展的指标。

D. 画出周期图，评估成本

由于实时的网络交易和随时处理的成本和复杂程度太大，因此过去对许多后端流程采用了分批处理的方法。现在的企业管理系统有各种各样的时间限制。一些应用系统如生产或销售系统几秒内就可做出响应，而其他应用可能需要以分钟、时间、日、周、月、甚至季度为周期进行分批处理。

IS 设计者应当将周期作为指标来描绘整个企业管理范围内的主要流程。这样一来，就可以按照业务活动的"端到端"的路径，找到进展缓慢的地方和支持其流程的系统。只有示意图还不够，在计算如何基本改变流程周期时，他们需要对每个备选方案进行快速的成本评估。因此，在设计完成周期图时，还需计算出响应速度的提高对成本的影响。例如，将商业数据发送从一个月升级到一周的成本是多少？如果是一天呢？能否做到实时响应，让顾客的账单几分钟就能更新？业务规划人员应对不同层级的提升安排一次总成本评价。

E. 组织人力，调整技能

当 RTE 工作展开后，面向已有业务流程及其支持系统的变革，会产生大量的集成需求。与此相反，理解和执行外部服务提供商的新打包应用系统的需求将减少。必须追加和扩展核心基础设施成分，特别是中间件和消息件，获得这些领域的最新技术。无论该系统的开发和集成工作是在内部进行还是在外部进行，转换方面的重点都是相同的。所需的技术人员既包括兼容新、旧技术的系统集成人员，也包括企业内部和产价值链中的业务人员。这意味着新的 Java 程序员需求会减少，但是对有 10 年以上企业 IT 经验的资深人员的需求会增加。

将先前并不完善的企业流程在线化可以获得巨大的价值，并且直接访问信息减少了处理周期。但是这项工作不仅仅是给旧的系统安上 Web 浏览器，为了简化和加速基本业务流程，交互、数据模型、访问权利、目录和系统支持方法也必须改变。在节约成本和压缩框架时，确保企业不会解聘有经验的老员工，因为他们对特定行业系统和流程的知识非常重要。

F. 快速、灵活响应变革

对 IS 部门而言，业务流程的要求是将"端到端"的工作流程分离并重构以支持模块化运行，尤其是跨多个部门和业务单位的过程更是如此。流程的简化和加速的应用场景较多发生于与合作伙伴和供应商相关联的业务。因此，基础架构应可以承受应用系统的不断改变，同时这些改变的实施必须迅速且低成本。如果基础架构的结构性连接依赖于特定的商业模式或过程，则这种基础架构是脆弱的，应优选组件化架构，其组件可在各种场景中使用和重用。

IS 部门应构建"企业神经系统"式结构，并且评估该系统与更具普及性的多企业技术网络交互的可能性。这个网格观点是产业价值链或者价值网络观念在 IT 上的反映。当流程的变化涉及来自外包和合作伙伴的资源时，这种观念更加重要。

有关 RTE 的流程变革要求：把企业架构移植到互联网基础上，发展 Web 服务能力与面向服务的基础结构，使用应用系统集成中间件。

RTE 是互联网时代的技术变革，上述六项原则必须作为关键的规则。缺少六项原则中的任何一项都有可能导致 RTE 实施的失败。

⑧推进实时企业的作用

"实时企业"（RTE）不是口号，它给企业管理带来了很多好处。迈入 21 世纪以来，市场竞争日趋激烈，谁能迅速满足客户和市场需求，谁就能借此驱动企业的各项业务。

一些世界知名企业已经开始着手实时企业的建设。例如，Intel 公司正在重新梳理制造和销售流程，使其能够在两天内完成。JETBLUE 通过网络和虚拟电话中心控制销售，从预约到支付到账仅几分钟；GM 大幅缩减了新产品的开发时间，从 4 年缩减到 18 个月。欧洲服饰零售商 ZARA 的服饰从设计师理念到成品上架只要 10 天；Marks & Spencer 可以在信用卡欺诈行为发生之初进行检查和发现；DELL 借助 RTE 的重新规划所获得的效益一年里已经超过了 10 亿美元。

总结起来，推进"实时企业"可以给企业带来如下好处。

A. 使企业的业务流程更加合理。

实时企业的中心是商务活动，聚焦于技术。能快速发现顾客和市场需求的变化，辅助企业修正现有计划以适应消费者和市场需求的迅速变化，缩短企业从产品开发到销售的时间，提高企业的市场竞争力，使企业进入主动性状态。

B. 提升管理决策的速度和灵活性。

在以合作为基础的结构下建立完整的、规范的企业管理体系结构，不存在边界和死角，让员工尽量少的介入。只把信息"推送"给顾客、员工和管理者，使他们更快决策。

C. 减少管理控制的延迟获得更大的竞争力。

如果对 5% 的企业信息进行实时监控，就可以提高 50% 的商务效率和风险管理水平。如上所述，许多企业认识到，实时企业可以快速反应，减少循环周期，提高风险管控。这样在付诸行动前，就不必等待季末、月末、周末的时候就可做出连续的响应。

D. 灵活地处理意外事件的发生。企业现有的信息资源虽然避免了企业灾难的发生（库存不足、需求失误、资金短缺等），但实际上灾难还在继续。即警告信息是存在的，流通的，但是警报不会响。其原因是这些信息不能传达给能够做出正确决策的人。RTE 能够取得这些信息并有针对性地传送，而且对这些信息的处理可以进行严密监控。这个工作必须要做，不然错误就会多发。

E. 留住现有客户、带来新的客户。快速反应是任何客户都乐于接受的。节约了客户的时间，就意味着增加了客户的价值。如果能提供比竞争对手更多的服务的话，客户资源就会被吸引过来。

综合起来，实现"实时企业"将使企业的管理控制系统更加灵活、有效，以往被认为困难的问题将比较容易解决，企业管理控制系统将创造出新的活力。

⑨实时企业的市场机会

Gartner 所做的调查表明，如果企业合理运用 RTE，净利润将增加 15% ～ 20%。越来越多的企业面临这样的困难，"无法预见"的错误，阻碍企业管理者做出正确的决策。Gartner 对 RTE 含义的说明明确了以下目标：联合商务和信息管理者，以时间为基础变更成本、服务和透明度以增强竞争力。当将这些目标具体化到企业战略性利益时，面对企业自身及客户的需求，RTE 的市场机会就在眼前，而这种市场机会是由实际产品需求提供的。

对于企业管理者来说，RTE 将节省企业的开支，改变低效率的运作，做到具有竞争力的客户管理、更好的决策、更透明的管理决策制度。在企业内部，有 ERP、BI、DRP、BMP 等集中管理和协同商务的产品模块作支撑，产品集群正在不断扩充。一般说来，所有客户都希望企业给予的响应速度越快越好，容易联络、快速了解、把注意力迅速集中在需要的资源上。这是客户对企业的要求，而 CRM 建立了对这些客户需求的及时发现和应对，并通过包括传真、Email、电话等多渠道的个性化交互系统实施。对于企业的客户来说，这种实时能力一定会提高顾客的忠诚度。CRM 同样是实现 RTE 的重要部分。

自互联网经济的泡沫破灭后，通过一个概念可以打造市场的场景已不复存在。从企业与客户的战略意义评估，企业管理软件领域里，RTE 的市场机会不是单纯根据 RTE 的概念被赋予的，而是企业客户对自身运营能力提高的需求和体现 RTE 功能的软件产品所赋予的。

（6）产品—服务系统（Product and Service System）

传统上，成本密集型商品制造商一般大都专注于产品设计、实现和高质量的产品配送。同时，其客户也更多地希望能够得到多样化的服务。这些服务主要用于提高产品的功能性和经济性能效。对于服务潜能的开发而言，产品和服务以何种方式进行恰当的组合是提高潜能的关键。为了达到产品制造商和其客户所期望的经济效益，就必须对产品服务系统进行系统的定义。[1]

---

❶　J.C.Aurich,N.Wolf,M.Siener, kevinlee 译 . 1MFG.COM，2010.8.

① PPS 定义

一种基于生命周期的 PSS 定义。PSS 由物理组件和非物理组件两部分组成，不仅考虑了客户和制造商的目标，并且考虑到了 PSS 的系统特征。这种考虑不仅包含物理组件和非物理组件的内部特征，另外由于客户也是 PSS 实现的一个动态的部分，顾客的个人行为就需要进一步的进行分析。因此，对 PSS 实现过程的预测就是非常关键的。

② PSS 定义框架

整个框架的核心由七个单元构成并被划分为三个组。第一组包含三个单元，代表着实质性的先决条件。对产品结构和服务结构进行分析，以完全确定物理产品和服务的可行单元。另外，对于不同顾客组的产品生命周期，使用非常抽象但有效的分级方法进行确定和模拟。在第二个单元组，对第一组中获得的数据进行处理。因而第二组包含两个更加深化的单元：一个是具体产品生命周期特征对物理产品核心和其组件的影响；另一个是具体产品生命周期对服务的影响，以及它们对物理产品的影响。以上描述的单元并不涉及具体客户的直接参与。而相反，代表定义本质的第三个单元组则强调客户的动态参与。技术定义和服务定义一起组成了一个唯一的满足顾客个性需求和期望产品生命周期的 PSS。

③产品—服务系统的发展 ❶

1992 年联合国国际环境高峰会议上，可持续发展被列为第 21 项议题，可持续发展这一理念在国际上得到了认可。20 多年来，致力于人类环境问题，如清洁生产、绿色设计、环境保护设计等概念，提出了从产品的生产着手，从根本上减少污染的可能性。但是，这种改良产品带来的环境利益因消费的增加而抵消（这种现象被称为"弹性效应"）。有鉴于此，1994 年联合国环境规划署倡导可延续性消费，倡议提供服务及相关产品以满足人类基本需求，将物质材料的使用量降到最低。从长远来看，实现全球化的可延续性消费模式需要改变目前的生产行为和消费结构。在此背景下，20 世纪 90 年代后期，联合国环境规划署提出了产品——服务系统（Product Service System, PSS）的概念，其关键思想是提倡企业向消费者提供的是产品的功能或结果，用户可以选择是否拥有或购买物质形态的产品。PSS 将有形的产品和无形的服务联系在了一起，试图从系统论的观点来解决环境问题，这一定义为从单一的生产循环向集成化生产和消费循环转变创造了机会。PSS 变更了传统的生产和消费模式，使社会转向可持续性的方向发展，对经济、社会、环境具有重要意义。PSS 将服务结合产品，增加产品价值，帮助企业提升其价值链；PSS 完全符合消费者的需求，充分考虑客户的功能需求，所以它有利于发展人类的生活和工作质量；PSS 模式代替传统经济模式中的物质产品，

❶　韩少华, 陈汗青. 产品服务系统设计理论核心的系统性文献综述 [J]. 创意与设计. 2016（2）.

减少物质的流动，有助于节约资源和环境保护。

A.PSS 的概念、分类与企业的战略设计

（A）PSS 的概念

从 PSS 的提出已经过了 20 年左右的时间，但还没有一个统一的定义。虽然这些定义不同，但可以从这些定义中提取出 PSS 具有的以下关键特性。a. PSS 可以概括为一个企业的创新战略。有必要从企业的经营战略层的观点来规划 PSS，整合其体系、工具、实施方法等。b. PSS 的目的一是满足顾客需求，创造新的产品价值；二是可持续发展。c. PSS 的建构包含系统地重组产品和服务。PSS 不是单纯的产品和服务，它是两者的结合，PSS 中既有有形的产品流，也有无形的服务流。有支持的服务网络或系统来保障 PSS 的顺利实施和执行。服务网络或体系可以是独立的，也可以是属于制造商的。

（B）PSS 的分类

PSS 的分类有多种方法。Manzini 按结果导向和应用导向把 PSS 分为两种类型。Robin Roy 把 PSS 分为结果导向、效用分享导向、延长产品生命周期导向（面向产品的服务）和需求减少导向四种类型。最为普及的是根据产品和服务在 PSS 中所占比重大小将 PSS 分为三类：产品导向 PSS、使用导向 PSS 和结果导向 PSS。

a. 产品导向（Product-oriented）PSS：已有的产品系统加入服务，这些服务反映在厂家对产品的跟踪和回收利用上。如用户向制造商或服务提供商招租一台复印机，并根据租赁时间支付费用，制造商或服务提供商则提供保证该装置正常运作的服务。

b. 使用导向（Use-oriented）PSS：服务所占比重比产品导向 PSS 多，通过共享必要的产品以增加产品的使用率。如可以通过在办公区共享会议室，以达到共享办公家具的目的；建立共享的复印中心，而不是各自拥有一台复印机。

c. 结果导向（Result-oriented）PSS：服务所占比重最多，目的是通过销售"结果"代替销售产品，从而减少物质需求。如卖"复印好的纸张"而不是复印机；不卖洗衣机，而是卖"洗干净的衣服"。

（C）PSS 与企业战略设计

在传统的经济模式中，产品的设计、制造、销售、废弃（回收）的生命周期内的原材料和能源供应、制造人员、销售人员、用户、销毁和回收处理，各类企业参与了所有相应的过程，但他们只关心和优化与自己相关的部分。如经销商经营得很好，他几乎不关心商品生命周期的其他环节。换句话说，传统模式不能很好地协调系统资源优化与单方效益的关系。PSS 模式下，通过整合产品和服务来满足市场和客户需要，而非单方、单个环节的资源优化，而是整个系统的资源优化。Manzini 认为 PSS 应该具有潜在的生态力量，并且优化离散资源，从

单纯产品生命周期内的优化转化到系统资源的整体优化。因此，PSS 对于企业的战略转换有着重要的意义。在 PSS 模式下，企业需要关注生命周期内产品的生产、销售、用户废弃和回收等过程；一旦产品被回收（或部分回收），就进入新产品的生命周期并循环上述过程，这样可以把各方面的资源连接起来。如当前生命周期中的废物处理企业可以是下一个生命周期中的原材料供应企业。产品使用阶段的实践可以为设计和销售提供技术和案例上的支持。

PSS 在无数的用户之间建立联系，再融合服务供应商、产品生产厂商等资源，共同形成了一个巨大的、相互联系的系统，企业运用合理的指令和部署，实现系统资源的优化。PSS 的潜在生态效能通过广泛的系统资源优化而实现。

B. PSS 结构体系、支撑技术与关键技术

PSS 系统在工程科学的范畴来加以观察，它是以知识或者信息为基础，融合了产品和服务，综合利用 web 多媒体、协同理论、数据处理和交换等许多技术，进行产品全生命周期管理，并对用户提供针对性解决方案的系统。

（A）PSS 结构体系

PSS 模式要求制造商和服务商负责产品维护和服务管理，包括产品的设计、产品的使用功能、如何更好地节约能源、如何重新利用产品、扩张和延伸产品的使用功能、提高产品的质量和寿命等方面。故此，PSS 与产品的生命周期密切相关，从组织构造的视角加以分析，其结构包括两个支持系统，一个是产品操作子系统；另一个是服务子系统。前者与制造商紧密相连，后者与用户紧密相连。

a. 配置系统

根据用户的要求，配置相应产品、工具和人员到现场为用户提供服务。PSS 实施的过程中，根据产品信息、工具的情况和设计信息配备服务，如什么零件故障需要监测、什么易损件需要定期检查和变更等。举一个结果导向 PSS 的例子：企业办公区域复印中心建立后，制造商首先对复印中心的设备、维修工具、产品操作和维护人员进行合理的配置，接着形成服务网络。在 PSS 的执行过程中，还将部署产品的服务流程。

b. 调度系统

在 PSS 的实施中，为了节省时间和成本，需要合理调度进展时间。采用智能计算方法，可实现对任务、产品及现场管理人员的调配处理，达成对 PSS 的控制。由于制造厂商和服务提供商对产品进行操作和维护，因此为了保证服务任务的有效执行，在 PSS 的模式下需要对服务任务进行调度控制。

c.服务支撑系统

为消除产品故障，维护产品的现役效能，充分发挥产品的功能，需要建立相应的服务支持体系。服务支持系统是用户、制造商（或服务提供商）和产品管理人员共同参与的协同工作系统。一方面，服务支持系统维护产品的性能；另一方面，借助服务支持系统，制造商对操作者进行必要的训练和高效的支持。另外，用户的意见和建议将通过系统持续反馈给厂商，有助于服务质量的完善和新产品的设计。以结果导向 PSS 为例，通过建立相应的服务支持系统，如复印设备的维护、管理人员的培训和支持等，使制造商和服务商在办公区设立的复印中心充分发挥作用。

服务支撑系统涉及以下几个方面。

（a）日常管理：现场管理人员记录产品运行状态，这部分内容等同于目前工厂普遍采用的设备台账管理。

（b）故障预测：监测产品的状态，为故障诊断和产品健康维护提供帮助。

（c）动态帮助：为了帮助管理者使用最优方式操作、最少时间维护，制造商（或服务商）应提供产品操作者以动态帮助。动态帮助系统是一种基于信息和知识的服务指南。

（d）效能优化：体现产品效能的最直接手段，大多数工业产品在使用时需进行参数设置，如 CNC 设备，可根据装置参数、材料、加工精度等设定加工参数；以遗传算法、蚁群算法等智能算法优化切削参数和工具路径。

（B）支撑技术

PSS 的支撑技术包括服务平台、产品生命周期管理和数据集成。

a.服务平台

服务平台提供以下三方面的服务。

（a）面向用户的服务：用户在服务平台公开自己的需求，平台智能反应，为制造商或服务商的最终决定提供帮助和参考。制造商和服务商在服务平台发布解决方案。依据用户的意见修正该解决方案，直到用户满意。用户还可以通过服务平台发表自己的意见和建议，帮助改善服务和产品设计。

（b）面向操作者的服务：工作人员在操作和维护产品的进程中，难免会遇到问题，服务平台应提供高效的动态支持，以便工作人员以最佳的方式操作产品和维护产品。一方面，操作者可以从服务平台迅速获得如何操作、如何维护等信息；另一方面，操作者可以通过服务平台与制造商、用户或其他操作者在线交流。

（c）面向设备的服务：对设备进行维护、管理和调度，选择适当的人员对装置进行修理。其中，远程故障监测和诊断为设备维护提供了理论依据。

对于服务平台的研究，很多学者都进行了相关的探索。DT Pham 等人提出了智能产品手册（Intelligent Product Manual，IPM）和 APM（Adaptive Product Manual）的定义，其核心是智能决策，给用户（产品操作者）带来及时的帮助，节约时间和费用。费仁元等人提出了采用互联网或内部网络对机电产品进行远程管理和全生命周期服务的方法，并详细讨论了其关键技术。Meier 和 Krug 指出了制造商的服务不足——制造商销售了机器后，并不了解用户是否以最佳的方式操作、是否可以最少的时间维护、最好的方法维护等内容。提出了整合产品使用培训、维护、维修、管理和优化等内容的综合服务系统的建议。Cheung 等人提出了基于知识库的自动服务系统。

b. 产品生命周期管理

产品生命周期管理仍没有一个统一的定义。产品信息是 PLM 的管理对象，这些信息不仅囊括了产品生命周期的定义数据，还阐述了产品是如何设计、制造和服务的。PLM 的目的是通过信息技术实现产品生命周期进程中产品定义、制造和管理的协同。

为了最大限度地发挥产品的性能，除了产品的维护和管理，产品的设计和制造也关系到企业生存，故此 PSS 离不开 PLM。Manzini 等人以为，PSS 的优势是通过多生命周期资源的最优化来体现的。Aurich 等将 PLM 作为推进 PSS 工业化的一个视角，并以此为依据倡导了面向 PSS 的产品生命周期管理的概念。

c. 数据集成

数据集成扮演服务平台和 PLM 之间的桥梁和纽带。服务平台和 PLM 之间数据的传输交换通过数据集成技术实现并发挥两者的功能。具体而言，数据集成有两个重要的作用。

（a）协同工作：从 PSS 内部分析，PSS 的参加者包括制造商、供应商、合作伙伴和用户等，前三者是 PSS 的组织者，用户是 PSS 的使用者。PSS 参与者之间的网络协同工作通过数据集成实现，数据集成使这种协同不再停留在简单的交流层面。从更广的角度看，PSS 除上述参与方外，还关联产品供应商、销售商、废弃物回收商等，出色的数据集成可助力各方面的深层次沟通。

（b）信息资源的再利用：在 PLM 条件下，可将产品部件信息传送到服务平台并整合数据，使其直接在服务平台上使用。如产品 CAD 模型可以用作产品维护和培训的多媒体素材，同时，针对用户、操作者等产品的信息率先在服务平台上公开，形成了数据整合环境。这些信息很快就转交给了产品设计师，对改善设计有很大帮助。又如，用户可以在服务平台上创建自己理想的产品模型，产品模型能够借助数据集成迅速准确地传送到设计平台。

（C）关键技术

PSS 实施的关键技术服务平台、PLM 和数据集成实现的基础和关键。

（a）数据处理：整合雷同的信息，删除垃圾信息。

（b）协同理论：人与人的协同工作，不同学科知识的融合。

（c）专家系统：向操作者、用户提供决策，对产品进行故障诊断并作出判断。

（d）多媒体技术：向操作者、用户提供便于理解的支持和帮助。

（e）数据交换：包括生命周期内各阶段的数据交换，不同设计平台间的数据交换。

（f）系统管理：运行参数的部署和运行情况的监督，具体涉及数据库和网络功能的设置、权限管理、用户许可、数据备份和安全及数据存储等。

（g）Web 服务：Web 服务是自我介绍、自我叙述、模块化的应用程序，可以在 Web 上发布、发现和调用。Web 服务技术可以使 PSS 的信息流更加顺畅。近年来，随着 Web 集成技术、Web 计算等技术的出现，Web 服务技术成为研究的焦点之一。

C.PSS 的发展历程及趋势

PSS 的概念被提出来后，经历了以下几个阶段的发展。

（A）启蒙阶段

启蒙阶段的 PSS 研究主要集中在简单的案例上，如汽车分享、清洗服务、化学品管理服务等。早期的案例为 PSS 后期的研究奠定了坚实的基础。

（B）起步阶段

2000 年初，在欧盟委员会的协助下，几位研究人员对 PSS 的基础理论进行了研究，主要阐述了 PSS 的定义以及为什么要实施 PSS 等基本问题。其代表性的是 Manzini 和 Mont 等人的研究。Manzini 和 Vezzoli 对 PSS 最本质的要求（客户需求）和最本质的变化（销售物质的产品转变为销售产品和服务的集合）进行了分析，深入论述 PSS 的资源优化潜力和由此带来的企业可持续战略规划，并探讨了 PSS 服务增值的可能性。Mont 详细分析了 PSS 的定义、PSS 可能带来的利益、PSS 中企业和消费者起到的作用以及发展 PSS 的障碍。此外，这一时期 PSS 的案例研究变得多样化。Katrin 考虑将 PSS 应用于家具行业，通过家具的分享和再制造，使家具充分发挥其性能。Luiten 等人分析了共享单车的情况，提出了"Kathalys"方法。Morelli 是以远程计算中心的设计为例，阐述了 PSS 模型中设计方法的变化。

（C）近来的研究

近年来，很多科研人员对 PSS 理论进行了深入的研究和分析。Komoto 等采用产品生命周期模型的方法，从环境和经济的视角对 PSS 展开定量分析。Krucken 等人提倡建立联络各方的联系网络的方法来推进 PSS。Morille 提倡发展新的 PSS 的方法。Aurich 等人提出基于 PSS 的产品生命周期管理（PSS—PLM）的定义，全面陈述了 PSS—PLM 框架，主要是利用 PSS 联系生命周期的各阶段，从整体思考，对产品生命周期进行系统的计划、设计、管理，使厂商和用户获益。Lee 等提出了集成制造与产品服务综合系统（IMPSS）的概念，建立了 IMPSS 框架体系，并应用于电子产品的生产和回收。

近年来，科研人员也提出了工业产品服务系统（Industrial ProductService System, IPSS）的概念，为 PSS 的前进引入了新的契机。研究人员对 PSS 工业化的进展也进行了案例分析。Cook 和 Bhamra 等人对 PSS 从学术理论到制造工厂的应用之间的转换进行了研究，并依托 Solid 项目，首先在英国的 20 家企业推行 PSS。指出 PSS 从科学界转换为企业和消费者都广泛接受的商业模式，则企业的内部和外部环境的变化是必须要具备的条件。Williams 将 PSS 应用于汽车工业，提出了微工厂销售的概念。Mont 的 PSS 应用于童车的生产和销售。Sundin 等在 swappack 公司进行了将 PSS 应用于土壤压实机器的设计，在设计进程中充分进行了产品元件的再利用，不仅减少了维护费用，还降低了对环境的影响。Evans 和 Partidario 等人对 PSS 产业化的关键因素进行研究，应用于 10 个小食品生产企业中，并跟踪记录 12 个月，最后从环境、经济和社会三方面的评价结果显示，应用 PSS 对环境效益产生了很大影响，企业必须与其他参加者合作才能获得价值回报。

2008 年 5 月 10 日至 11 日，国家自然科学基金委员会工程与材料科学学部"产品服务系统前沿"中青年高层论坛在西安举办。论坛主题涵盖了面向全生命周期的产品服务系统国内外发展及应用现状，我国产品服务系统未来发展方向，面向全生命周期的产品服务系统的基础理论与前沿科学问题，产品服务系统的新概念、新原理、新方法、新技术、新应用等内容。

（D）发展趋势

目前，PSS 的科研正从基本概念向工业化实用探索转变。然而，在整体解决方案的技术和实施细则方面，PSS 存在很多亟待解决的问题。如缺乏协同工作支持条件，缺乏规范的 PSS 实现技术和实施标准，缺少对大型机电产品工业化实施 PSS 的深入研究和相关案例。这些问题都是 PSS 后续科研的焦点。

产品—服务系统的关键概念是消费者并不是仅仅寻求某个产品，而是在寻求这些产品和服务提供的效用。通过服务而不是仅仅使用产品来满足某些需求，并且通过尽可能低的物质和能源消耗来满足更多的需求。产品—服务系统是一种共同满足（潜在）客户需求的产品和服务的组合。高集成度的"小型化（产品—服务）系统"将提供更高附加值的产品。"产品—服务系统"履行其职能并向最终用户提供服务而无须转移产品所有权❶（表 3-1）。

---

❶　Cees Van Halen, Carlo Vezzoli, Robert Wimmer（2005），Methodology for Product Service System Innovation, Assen：Uitgeverij Van Gorcum, pp. 21, ISBN 9023241436.

表 3-1　产品—服务系统组成

产品部分	服务部分
增加其功能性	用户服务
人机工学研究	资源节约与产品生命周期优化
升级能力	机构 物流
嵌入式智能技术	……

（7）大规模定制（MC）

在新的市场条件下，企业开始寻求新的生产模式，由此产生了大规模定制（Mass Customization, MC）的概念。1970 年，以类似标准化和大规模生产的成本和时间，提供满足顾客需求的产品和服务，这一独特生产方式的构想首次在美国未来学家阿尔文·托夫勒的 *Future Shock* 一书中被提出。1987 年，Start Davis 在 *Future Perfect* 中首次将这种生产方式称为"Mass Customization"。1993 年，B·约瑟夫·佩恩（B·Joseph Pine II）在《大规模定制：企业竞争的新前沿》一书中指出："*大规模定制的核心是产品品种的多样化和定制化的迅速增加，并且不增加成本，满足定制产品的大规模生产需要，其最大的优点是获得战略优势和经济价值。*"❶

我国学者祈国宁教授认为，大规模定制是将企业管理者、客户、供应商、员工和环境一体化，在系统性思维导向下，整体优化的过程。企业充分整合和利用已有的各类资源，采用标准技术、现代设计方法、信息技术和先进制造技术，依据顾客的个性化要求，提供大批量生产的低成本、高质量和效率的定制产品和服务。MC 的基本思路是以产品族零部件和产品结构的类似性、通用性为基础，以标准化、模块化等方法减低产品的内部多样性，增加客户可感受的外部多样性，通过产品和流程再造，将产品的定制生产转化或局部转化为零部件的批量生产，迅速为客户提供低成本、高质量的定制产品。

大规模定制的生产方式涵盖了时间竞争、精益生产、微观营销等管理思想的精髓。其方法模式为现代管理、生产、组织、信息、营销等技术平台所支持，因此，具有超过原有生产模式的优势，可以适应网络经济和经济技术国际一体化竞争。

①大规模定制的策略应用

A. 围绕标准化的产品和服务来定制服务

完全符合标准的产品，在被销售或交货人送交客户之前，还是可以被定制的。因为这种方法是完成于企业价值链的最后两个环节，不影响研发和生产，是最简单、最常用的方法。

❶　Pine, B. Joseph II. Mass Customization - The New Frontier in Business Competition, Harvard Business School Press, Boston, Mass., 1993.pp.32.

销售商和分销商可以变更其销售的产品，丰富其特征，或与其他产品（包括其他企业生产的产品）进行组合，从而提供大量的服务，使所有的客户都得到希望和应该得到的个性化的关注。企业基于标准化的产品和服务进行定制服务，展示企业在大规模定制方面的巨大潜力，表明企业也可以通过其他技术取得进展。

B. 创建可定制的产品和服务

大部分定制化服务可以在价值链交付环节完成，但变更产品来适应客户的特殊需求不仅是增加企业服务收入的来源，也是企业扩充产品，更加强化定制思维的来源。和交付环节提供个性化服务相反的策略是在产品开发环节中建立基本属于大规模生产的产品和服务——在生产和交付过程上，两者之间没有特别的差异——但是确实为所有的客人，而且通常是根据顾客定制的。创建可以定制化的产品和服务的理念已经开始改变人们对定制化概念的看法，尽管这并不需要企业价值链的激烈变革。

C. 提供交货点定制

要正确地知道顾客想要什么：在销售场所让顾客知道或说出真实想法。立即提供顾客想要的产品：在销售或交货的地方生产产品，或者至少当场完成最后的定制生产工序。交货点定制是将生产的最终工序转向到顾客，而且可以将整个生产工序转移到交货点，从而改造整个企业的业务和潜在利益。当生产转向顾客时，生产必须与交付相结合，同时，开发新产品和服务时必须考虑在交货时进行定制，这需要企业有重大的革新和经常的发明能力。

D. 提供整个价值链的快速响应

对客户需求提供迅速、有针对性的甚至即时的响应是企业走向大规模定制的好方法。因为是以快速满足客户的需求为中心，以相对较低的成本生产更多的品种。迅速交付以满足顾客的需求，这种变化会引起连锁反应：从交货时起沿相反的顺序作用到销售过程、生产过程、开发过程。企业价值链的各个环节都将产生自我更新：时间周期的缩短、产品多样性的增加、顾客需要的时候向他们提供任何想要的产品和服务。全价值链的高速发展，即时间策略不是孤立的，它将与市场分化、品种增加、定制化结合起来。一定程度上，从价值链的哪一环节缩短时间是无所谓的，但在此过程中，某个环节的成功如能获得其他部分的支持和模仿，则公司就可能从大规模生产模式过渡到大规模定制模式。

E. 构件模块化以定制最终产品和服务

实现大规模定制的最佳机制——最低的成本、最高的个性化定制水平。首先建立在可配备的最终产品和服务的模块化部件基础上。基于标准化零部件的定制化不仅使产品多样化，而且降低了制造成本，加速了全新设计的产品开发和增加品种的变形设计。采用模块化部件的方法有共享元件模块化、兼容部件模块化、"量体裁衣"模块化、混合模块化、总线模块化、组合模块化等。使用这些方法组合模块化部件，以匹配成可定制的终极产品和服务。覆盖产品和服务的模块化、可交换的零部件，将使企业融入满足客户个性化需求的变革过程中。

②大规模定制的企业核心能力表现

大规模定制企业的核心竞争力在于可以低成本、高效率满足客户，最终满足客户的个性化需求。满足客户的个性化要求是传统定制企业完全可以实现的，但传统的定制生产模式是除小型工艺品外，只能生产有限的品种，企业的产品定位是以有限数量、极少部分客户需求为基础的。故此，传统定制企业存在规模较小、产品单一、生产周期长、制造成本高、质量不稳定等诸多问题。与传统定制生产相比，低成本、高效率地提供大量产品的大规模生产却又不能满足客户日益增长的多样化、个性化要求。经济、科学技术的前进，社会的进步、基础商品的丰富，推进了客户的个性化需求。商品基本功能的满足已经不是客户的首要需求。由于个性化的需求变成拉动商品选择的紧要要素，大规模生产的理念和固化的产品定位很难适应市场环境的这种变化。大规模定制模式是定制产品的大规模生产，以低成本为客户提供充分的商品空间。因此，大规模定制企业与传统的定制企业或者大规模生产企业相比，其核心能力是成本低、效率高，提供客户充分的商品空间，最终满足客户的个性化需求的能力。

③大规模定制企业的核心能力细分、构建与提升

A. 准确获取顾客需求的能力

在科学技术、信息技术加快发展的今日，企业的经营环境产生了根本性的变化。客户对企业的满意度是企业生存和发展的关键因素，客户的满意是企业利益的源泉。

正确地提取客户的需求信息是满足客户要求的前提条件。大规模定制企业要提供定制产品和满足客户的个性化需求，因此准确获取客户需求的能力在大型定制企业的实施中更为重要。大规模定制企业通过重组电子商务、客户关系管理和针对性营销来解决其准确获取客户需求的能力。电子商务使大规模定制企业跨越中间环节，实现直销，不仅降低了产品流通成本，而且有助于企业及时、准确地获得客户需求信息。电子商务系统可实现制造商和客户、制造商和合作伙伴之间的快速联系，这是大规模定制企业理解和指引客户需求，与客户和合作伙伴共同开展定制产品设计的前提和基础。客户关系管理（Customer Relationship Management, CRM）以客户为中心最优地整合企业的生产工艺流程，对客户资源进行研究和管理，提升客户的满意度和忠诚度，提高企业的运行效率和利润。CRM 与以客户为中心的思维方式一致，大规模定制企业利用 CRM 执行点对点的精确营销，能够系统、全面、准确地获得客户个性化要求，使各单位共享客户要求的定制信息，依据这些定制信息进行设计、生产，为客户提供满意的定制产品。

B. 面向 MC 的敏捷产品开发设计能力

大规模定制企业需要多样化、个性化的产品来满足客户多样化和个性化的要求，企业必须具备敏捷的产品开发设计能力。敏捷的产品开发设计能力是企业快速响应市场变化和积极把控市场机会，结合先进产品管理思想和方法，设计开发产品族群和采用并行开发方式，通用化产品部件、工艺，模块化产品设计和减少重复性设计，加速新产品上市。大规模定制企业通过有效整合产品族群和模块化设计能力、并行工程、质量功能部署能力和产品配置设计能力，构筑和提高敏捷的产品开发设计能力。大规模定制产品设计不是只针对某一产品进行设计，而是面向产品族群的设计。它的基本思路是建立通用的产品开发平台，有效地开发和生产一系列衍生产品，实现产品的设计和制作工艺的重用优化，有利于降低成本，缩短产品上市时间，还可以获得零部件和原材料的规模效益。模块化设计则是在对产品市场进展的预测和功能分析的基础上，分解出无数通用的功能模块，然后根据客户的要求，选择不同的模块组合，生成不同功能、性能或规格的产品。模块化设计将产品的多样化和零部件的标准化有机地和有针对性地进行了组合。充分利用了规模经济和地域经济的利益。并行工程是集成的、并行的产品设计以及相关的各种进程（包括制造进程和支撑进程）的系统方法。该方法要求产品开发人员从一开始就考虑产品全生命周期中从概念形成到产品报废处理的所有要素，包括品质、成本、进度规划和用户需求。并行工程是因时间竞争而提出的设计方法，能够大幅缩短产品的开发时间，充分考虑产品的可制造、可组装性，是大规模定制所需的设计能力。质量功能配置能力是产品族群策划中常用的 QFD 技术，是以质量保证的角度，运用市场调查方法了解客户需求，采用矩阵图解法分解客户的需求的实现过程，将其分解到产品开发的过程和各职能部门，通过各部门的业务统筹，保证产品的最终质量，使设计制造出来的产品能够真正满足客户的需求。产品配置设计能力是由产品配置设计依据客户要求制定产品结构和材料清单（BOM），并根据需求对产品进行配置。在大规模定制模式下，产品品种繁多，如不进行配置规划，则大规模定制会造成大规模混淆。客户可能因为无法选择而放弃。产品配置设计可以配置客户要求的产品，实现设计和订单的快速响应。

C. 柔性的生产制造能力

多样化和定制化的产品对企业的生产能力提出了很高的要求。传统行业的刚性生产线是为一种产品而设计的，所以无法适应多样化和个性化的制造要求。MC 需要灵活的生产能力，凭借企业柔性制造系统（Flexible Manufacturing System，FMS）和网络制造的有效重组和柔性的企业管理，提高其灵活的生产制造能力。FMS 是由数控加工装置、物料保管装置、计算机控制系统等构成的自动化制造系统。FMS 是高效率、精确、高灵活性的加工过程。可以根据加工要求和生产环境的变化进行调节，适合于多品种、中小批量生产。

网络化制造是以互联网为基础的企业联合式制造模式。网络化制造就是变更企业的组织构造和工作模式，提高企业的工作效率，缩短产品开发周期，提高企业管理的灵活性。大规模定制生产企业通过 FMS 和网络制造的重组而形成的柔性生产是面向市场的按需生产。加强大规模定制企业的灵活性和应变能力，缩短产品的生产周期，提升设备利用率，改善产品质量。企业为了实现柔性的生产，需要灵活的执行和经营能力。灵活管理在不稳定的变化环境下，应对市场复杂的多变性、消费需求的个性化偏好，实施富有弹性的快速反应的动态管理。

④有效实施大规模定制的途径——延迟

大规模的定制有助于企业投入新的市场，并获得大量无法通过标准化产品满足个性需求的客户的青睐。然而，原始的大规模定制缺乏效率且成本高昂，定制化的产品倘若在时间和成本方面超过了顾客的期待，就反而会失去他们。当然，如果不能履行规模定制的约定，这对企业来说也是损失。因此，没有适当的低成本、高效率的供应链，大规模定制是很难成功的。

打造灵活的员工和组织构造是大规模定制的必要条件。此外，可以借助其他方法，例如减少循环周期时间、提高生产和制造的反应度，如电子数据交换和计算机辅助可以大幅减少转交和处理客户订单的时间；另外，航空运输可以大幅缩短从订货到交货的时间。FMS的技术不仅能缩短周期时间，还能提高对特定厂家多产品组合的反应灵敏度。最后，电子商务可以提高沟通联络效率，增强企业在供应链运作中的决策能力。

物流的改善、信息流的改进、循环周期的缩短以及柔性生产，都无法使企业在未来的市场上进行针对性的竞争，但是产品和流程设计有更大的潜力。产品制造成本的 80% 被认为是由产品的设计决定的，机会在于其中产品设计和供应链的整合。作为推动大规模定制的手段，一些前瞻性的企业已经运用了产品设计和供应链的重构。其思想是设计产品，重组制造和供应链中分发配送活动，使多种产品的定制化在供应链中最有效的环节发生，并将供应链的总成本降至最低。供应链总成本最低且效率最优的产品和流程设计最基本的方式是"延迟"。延迟即推延关键流程的时间，在这些关键流程中，终极产品形成他们的特定功能、特征、标识或个性。

产品多样化的同时又能够维持规模生产的唯一办法就是运用延迟制造。核心是事先只生产可以通用化和模块化的零部件，使产品处于中间状态，实现大规模生产，并通过集中库存减少库存成本，缩短提前期，客户化活动更接近客户一方，增强了应对个性需求的灵活性，使适当的产品在适当的时刻抵达适当的部位（3R）。因此，延迟化策略的实质是，表象上的延迟是为了更迅速反应市场需求，即定制需求或个性化需求的时间及空间上的延迟导致供应链的低生产成本、高反应速度及高客户价值的实现。❶

---

❶ http://wiki.mbalib.com/wiki/%E5%A4%A7%E8%A7%84%E6%A8%A1%E5%AE%9A%E5%88%B6.

　　从单一的产品物质形态的提供和大批量标准化生产方式到消费体验和定制化需求的转变，使设计方式也随之发生相应的变化，制造商和设计师在产品设计中需要更多地考虑客户使用其产品时的满意度。大多数产品设计师只考虑到产品本身的技术规范，或者其外观形状。而在体验和个性化导向下，客户的产品使用感受和需求成为开发时需要重点考虑的基础要素，客户如何使用操作，使用后得到怎样的反馈。这里面包含了非物质的情感、心理、认知等因素。随着经济和社会生活的快速发展，以及消费者日益增长的需求，产品和服务也面临日益多样化和快速化的要求，这些都使得产品创新途径及其快速响应模式的构建成为一个重要课题。

3.3　产品设计快速响应模式的理论基础与设计方法

3.3.1　产品设计快速响应模式的理论基础

　　产品设计快速响应模式的构建主要是基于系统工程的产品设计规划理论和方法。为描述该理论及其方法，本节引用文献[50]提出的相关概念。

　　（1）基于系统工程的产品设计 7D 规划理论 ❶

　　产品设计的过程中，了解用户需求的同时，还应从系统工程的观点出发，对产品设计的全过程进行总体规划，具体可分为以下方面。

　　①设计定位确定（Design Ideas），在科学发展观和自主创新思想指导下完成产品设计工作。

　　②周边因素评估（Design Elements），如政治、经济和人文环境、技术环境、法律环境、生态、资金环境等的要求。

　　③设计流程规划（Design Process），对整个设计过程和步骤做全面的安排。

　　④设计目标确定（Design Objects），实现广义的产品质量、产品功能和性能的最优化。

　　⑤设计内容策划（Design Contents），包括功能优化设计、动态优化设计、智能优化设计和可视优化设计等，涉及产品功能及构造性能、工作性能和工艺性能三大性能。

　　⑥设计模式选择（Design Methods），包括广义优化设计法、可视优化设计法、数字化设计法等。

---

❶　闻邦椿教授提出的这一新的产品设计理论与方法，蕴含了基于系统工程的产品设计过程优化的思想，将其分为规划阶段、实施阶段和设计质量检验阶段。（基于系统工程的产品设计 7D 规划及 1+3+X 综合设计法，东北大学学报（自然科学版），Vol.29.No.9 Sep.2008.p1217-1223）.

⑦设计效果评估（Design Quality Assessment），建立产品效果的可靠性评估体系，采用模糊讲评法、价值工程讲评法等，评价产品设计效果，克服产品设计工作中的随意性，进一步提高产品设计质量，有效保证产品设计效果。

产品设计应遵循科学发展和自主创新的观念，而设计则是政治、经济、文化、法律、技术、环境和社会的和谐统一。在此背景下，产品设计是对设计目标、过程和内容、设计方法和质量的评估方法进行整体流程规划和方法优化的过程。这种基于系统工程的产品设计 7D 规划使产品的质量、成本和时间等各项战略目标同时推进和实现，使所设计的产品具有更大的竞争优势。

（2）基于系统工程的产品设计优化 ❶

产品设计优化是以系统工程原理为指导原则，基于产品的广义质量，将动态优化、智能优化和可视优化融为一体的综合方法。

产品质量的广义概念是产品的全部功能和性能的总的合成，它包含了产品功能的主要部分和辅助部分；同时，包括结构性能、工作性能和工艺性能三项主要性能。产品的主要功能是产品在几何、物理、化学、生理形态或信息的传达方式改变的实现；辅助功能是实现物质输送（在一些产品中其主要功能是物质输送）、保持、能量输入，以及输入控制指令和收集信息并对其进行处理和显示等。

①产品功能优化

产品基本概念的设计是产品功能设计的关键，是以新的概念来实现所要完成的功能，它决定了随后的产品生产、市场开拓和企业发展。良好的产品设计理念可以为设计项目创造一个良好的开端，总开发费用可以大幅减少，因此优秀的概念设计是一个成功设计的前提，是在产品创新过程中最重要的规划阶段，因此对产品质量、成本和生产周期具有很大的影响。

②产品可靠性优化

在机械产品设计中一个重要内容是可靠性设计。目前，机械产品的可靠性设计仍多以静态或传统动态设计方法为主要手段，需要采用动态优化的方法来加以完善。

③产品智能优化

产品的智能优化包括状态监测系统设计、工作状态和过程的智能控制与优化设计、故障智能检测和诊断等方面，可以提高产品的技术性能。

❶　闻邦椿，张国忠，柳洪义. 面向产品广义质量的综合设计理论与方法. 北京：科学出版社，2006. 29.

④产品可视优化

产品的可视优化是在虚拟设计平台下，借助虚拟环境分析和评价产品的可制造性和可组装性，包括其装配与工作过程的合理性。这种方法有效地降低了新产品的开发风险，减少投资和开发周期，提高效率。应用基于网络的可视化设计与制造技术，以及以重要工作过程为核心的产品三维建模等技术是工作参数和过程控制可视优化的重要内容。

以上建立在系统工程思维基础上的产品设计规划理论及优化方法的核心，是借助产品设计流程的总体规划和综合优化，将追求单一功能的产品设计转换为综合质量和成本费用在整个寿命周期内平衡优化的设计（图3-4）。

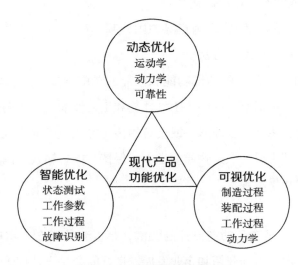

图3-4　产品设计综合优化图

3.3.2　产品设计快速响应模式的设计方法

（1）基于可重用虚拟组件库的模块化设计

基于Pro/E、SolidWorks等软件技术，通过CAD/CAE/CAM工具构建虚拟产品平台，访问和修改产品数据可通过设置图形设计系统修改和变化的功能、互动操作等实现。三维CAD模型支持动态虚拟漫游，以使用户从不同角度来理解产品外观及结构设计的某些部分。

从SolidWorks系统客户端界面进入，根据产品设计特点从零件模型库选择所需的零件模型，并通过Pro/Toolkit的应用程序调用CADMES应用程序组件和Pro/E沟通。如需要检验零件模型的计算，则开始启用设计计算程序库系统（COM应用程序组件），选择适当的计算模块，输入或选择预设设计参数。当需调用材料数据时，使用应用程序编程接口（API）来建立对有关服务器材料信息库的访问通道，并在SolidWorks导入最终设计数据并对模型重构，生成和设计结果对应的新零件模型。新生成的模型保存在模型库，同时在数据库中存储计算结果。通过网络协同，将操作指令分为网络指令和本地指令，从而使数据量显著减少以确保服务器和客户端的实时操作，同时通过过程数据库保证服务器和客户端的设计结果的同步更新。

（2）网络联机设计

目前，以远程网络为基础的联机设计方法可归结为建立在 Web 基础上的联机作业和建立在 Agent 基础上的联机作业两类。

①以 Web 为基础的联机设计

以 Web 为基础的数据交换架构已被广泛应用于产品设计的联机作业。数据、信息及知识内容的互换可以建立在 Web 平台上，实现不同的设计及相关人员相互之间交流。Web 数据交换技术的深层和广泛应用，将帮助企业收集和管理设计过程中出现的产品设计信息，对相关人员的业务情况和设计状态也可以通过项目管理加以有效的跟踪与监控。表 3-2 为典型的 Web 产品联机作业系统和技术特征。

表 3-2　Web 产品联机作业系统和技术特征

项目／系统名称	主要特征	相关技术
CPD	共享的产品设计 Web 页面，以 VRML 格式共享几何模型数据库，多服务结构	Web，HTML，ActiveX
DOME	分布式对象技术，多服务结构	Web，JAVA，HTML
Fixturenet	将公共的 Web 服务作为一个 Linux 客户端来执行	Web，HTML，FTECGI，Windows DDE
IpTeam	将协同产品开发支持工具与 VE 集成	Web，Email，Multimedia
KAframework	基于 KA 的协同设计系统，知识获取与共享	Web，CORBA，OOODB Distributes
Madefast	无上下关系结构和集中授权，基于 Web 的信息和数据发布、访问和共享，同步和异步通信	Intemet/Web，Agents，CSCW，HyperMail

②以 Agent 为基础的联机设计

网络数据交换中 Agent 技术的使用较 Web 更早。要真正体现产品开发过程，必须依靠分布式人工智能技术实现，而 Agent 技术是分布式人工智能的强大工具，它具有管理自身数据流程和学习修正的功能，为集成化的更高级别和更大范围的数据利用提供可能；与之前需要考虑功能函数在实际应用程序中的详细状态参数不同的是，Agent 用户可以聚焦关注知识层面的互动。表 3-3 列举了典型的 Agent 产品联机作业系统和技术特征。

表 3-3　Agent 产品联机作业系统和技术特征

项目 / 系统名称	主要特征	相关技术
Concept database	为版本控制、工作流管理和信息手机提供策略支持	Internet/Web，Agents，Relational database
DIDE	自治 Agent 方法，legacy 系统集成封装，系统监测	Internet/Web，Agents，CSCW：HyperMail
ICM	共享图形化模型，递归通信方法	Intemet/Web，Agents，AutoCAD
Madefast	无上下关系结构和集中授权，基于 Web 的信息和数据发布、访问和共享，同步和异步通信	Intemet/Web，agents，CSCW，HyperMail
RAPPID	特征 Agent，marketplace 方法，基于 set 设计	Intemet/Web，Agents

3.4　产品设计快速响应模式的关键技术

3.4.1　先进设计技术（Advanced Design Technology）

设计的方式和形态因为计算机辅助设计（CAD）技术的应用和发展日臻成熟而变得日新月异。计算机技术应用到设计领域是 20 世纪 80 年代以后，一开始主要是针对计算机辅助制图。随着计算机硬、软件性能的快速提升，目前计算机辅助设计技术已从单一的绘图功能发展到产品三维建模、参数化设计、动力学计算、有限元分析、NC 加工模拟等以及以 PDM 为系统集成工具的产品开发信息集成系统。平面设计工作中借助计算机数字技术，可以无限调用大量的图像素材，而且集中了编辑与设计的多重功能；设计师通过计算机直观形象地处理设计对象，不必耗费大量精力来制作模型，从而可以进行充分地、无拘无束的创作；产品设计工作借助计算机数字技术可以更有效地解决人机问题，同时考虑心理和感觉因素，进行情感化和人性化的产品设计。如产品包装设计应用数字化技术辅助时，它的基本程序和方法与传统模式下的设计并无二致，但是在包装的视觉传达、形态结构及整体效果的设计过程中使用到多媒体技术，并将平面设计方案在计算机中自动生成为三维立体的可视化模型，这种计算机模型在视觉上与传统的包装样品大致相同，不同之处在于后者是真实可触摸的实体物品，而前者则是存在于虚拟空间的三维模型，但是两者都可以实现所需要的功能。设计者与客户可以通过其视觉效果，来检验是否达到了设计的初始目标，并获得是否进一步加工和修改的信息。整个设计过程都是在计算机内部完成的，不需要其他任何工具和材料，其过程简捷、方便、经济、有效。

科学发展日新月异，当今信息技术已经得到广泛的运用，企业开始更多地在生产与制造过程中采用虚拟设计技术，促进了虚拟设计技术的发展和其在设计人员中的普及应用，尤其是在新产品开发的设计与制造环节，更显示出其重要性。新产品开发中虚拟设计有其内在的特征，同时，新产品开发中的应用是虚拟设计的宗旨和意义所在，新产品开发过程中，产品的设计、评价都可以运用虚拟设计技术进行，并探索其更好地为新产品开发服务和应用的前景。随着网络技术的发展，设计师和消费者之间的互动有了提升，企业单方面设计而不考虑客户需求和市场变化的情况得到了改善。

传统方式下，以往的产品在设计出来之后，受到生产工艺和技术水平的限制，在进入生产制造环节后，其工艺精度往往无法达到最初设计时的要求，因而设计的产品无法转变为可靠的商品。随着制造工艺和技术水平的提高，出现了所见即所得的制造方式，使设计师的思维和思路得到了极大的拓展。

新材料技术的发展，也使生产技术得到提高。17世纪爆发产业革命以来，机械逐渐代替了传统的手工工具。20世纪50年代后，现代电子技术革命兴起，微电子、半导体和集成电路开始广泛使用，机械的整体结构与控制方式发生了根本性的变化。数控机床与自动生产线、电脑控制的柔性自动生产线与计算机集成制造系统、智能化机器人以及机电一体化产品构成了智能化的机器生产体系，这种生产方式的智能化转变又决定了社会形态的改变。如著名的丰田生产方式（TPS，Toyota Product System）不仅改变了丰田和日本，而且正在改变着世界。

传统的销售方式是店铺式柜台型商店，而新式的销售渠道是各种现代化层出不穷的超市、连锁店、专卖店。电子商务的兴起，改变了商品流通的形式。开单、提货、结算，这些传统的交易方式正在被电话购物和网上交易迅速取代，以往的商品流通渠道和流转环节因为网上实时营销和消费而大为不同。

人们的文化、文明程度有了很大的提高和改善，不仅仅偏重于物质消费，对服务性消费、特别是文化消费需求很高；他们渴望美好的生活，对新事物越来越敏锐，对时尚产品、新产品的追求越来越强烈，对节约时间、体力和充实闲暇的消费品需求越来越多。

收入水平提高之后，消费不再仅仅局限于满足温饱，人们的消费观念开始转向注重追求健康与享受。汽车对于许多消费者而言，购买的主要不是其用以代步的使用价值，而是其背后代表的富有、成功、时尚等的符号价值。消费观念的改变和消费水平的提高，使得追求品质生活的消费观念开始逐步形成，如小家电市场，随着生产主体多元化和消费市场的拉动作用，共同造就市场的快速完善和发展，整个市场规模高达5000亿元，仅厨电市场就已经形成540亿元的市场规模，吸油烟机的年市场需求已经达到900多万台。

（1）先进设计技术基本概念

建立满足功能需求的技术架构，创造性地加以构思和表达并付诸实践，这一活动过程就是设计。技术是人类在改造世界过程中采用的手段和方法，是知识、能力与物化因素的统一，是工具、装备的统一。

设计过程中所应用的技术方法和技术手段的总和称为设计技术。先进设计技术是指融合最新科技成果，适应社会需求变化的高水平设计手段。从应用角度看，它是自动设计阶段所采用的设计技术，即那些正在研究并开始试用的、最新的高水平技术。

（2）先进设计技术的特点

先进设计是以既有获得并经实践检验是正确的理论和技术出发，结合创新思维，面向新生或预测的需求，构建和设计以往并不存在的对象的技术活动。产品设计技术本身的任务（即创造产品数据）并没有随信息技术的发展而改变，但信息技术给产品设计提供了信息传递、共享环境支撑，这将使产品设计技术出现形式上的变化。总的看来，先进设计技术已呈现下述发展趋势。

（A）一体化，也称集成化。以统一的数据模型为基础，产品的设计过程和整个企业的生产活动将进一步一体化。

（B）智能化，基于自主独立解决领域内的知识表达、利用的专业化会相继出现，以分布式人工智能为特征的多机制参照并行工程原理的协同技术会进一步完善。

（C）数字化、网络化。会进一步影响和改变企业的运行模式，同时会为产品设计的过程增加反馈和多元扰动。

（D）虚拟化。实现产品设计各个环节的可视化；通过虚拟仿真、虚拟现实技术降低设计制造成本，减少设计的中间环节；虚拟企业会进一步促进企业资源的快速部署和充分利用。在高科技、信息化的未来环境中，所有先进的技术手段的目的都是为了给人类创造轻松和方便。

应用先进设计技术将创新科技成果，尤其是计算机技术和信息技术成果融入设计，显著提升现有产品的性能、质量、效率、成本、环保、交货时间等指标，甚至达到领先的程度。在市场需求多样化和科技不断进步的条件下，设计目标转向能力、质量、效益上，制造产品向多品种小批量发展，制造过程的生产要素的配置由劳动密集型必然向技术密集型过渡，制造技术由机械化—单机自动化—柔性自动化—智能自动化发展。先进设计技术的开发应用需要所有的生产要素，以及大量的固定资产投资、先进的管理、高素质的员工等参与到核心

设计中，才能促进企业的创新发展。❶

面对产品自由竞争的市场状况，以及消费者需求的多元变化，产品生命周期越来越短。因为存在着环境保护和生产规程以及法律法规上的要求和限制，同时，产品制造技术和管理经营的方法有了飞速提升，决定设计成败的关键便是质量、时间和成本这些产品开发的整体行为中必须予以设计考量到的重要因素，它包括产品研发周期、商品交付的时间、方式、货物供应的数量、规格以及传送与移交方式这些产品制造和管理全过程方面的适应能力。

从产生到成熟的历程分析，现代设计的技术方法经历了几大部分的完善，包括数字化和并行设计、协同设计、基于集成化制造和综合管理的设计、基于环境的绿色设计、集成智能设计等，这些方法提供了设计的快速响应和应用的技术基础。

以产品的功能要求和市场需求（时间期限、质量、价格等）为基本依据，通过应用现代技术和进行创造性思维，策划和确定开发设计和制造的基本程序，辅以相关技术加以实施的方案和技术手段是先进设计技术的主要内容。以现代科学理论为依据，基于设计分类进行产品的全生命周期设计，体现了设计的先进性；由传统的排序设计方法逐渐向并行执行转化，改变了设计的结构方式和流程组织；传统计算机辅助设计由于信息网络的应用，改变了单一的设计形式，开始多元发展。

3.4.2 虚拟仿真（Visual Reality）

消费品位提高，基于互联网的电子商务出现，面对这些新的市场环境的变化，企业遇到了难题——如何维持消费者忠诚度。同时，传统的电子商务平台中，用户通常只能浏览二维空间的产品图片、品牌、价格和其他信息，而实时观看产品的三维动态图像并体验产品内部结构，了解虚拟产品的内部和外部质量并根据自己的喜好来定制产品，已逐渐成为信息技术兴起之后的新方式。

虚拟现实的英文是 Virtual Reality，简称 VR。它是美国人拉尼尔（Jaron Lanier）在 20世纪 80 年代初提出的，拉尼尔也是美国 VPL 公司创始人。虚拟现实也称为灵境技术或人工环境技术。虚拟现实作为一项尖端科技，融汇包括了计算机图形技术、计算机仿真技术、人工智能、传感技术、显示技术、网络并行处理等技术在内的众多最新研究成果，是一种计算机模拟系统，起始于美国军方用于作战模拟，20 世纪 90 年代初逐渐为各界所关注并且在商业领域得到了进一步的发展。虚拟现实技术的特点是由计算机产生虚拟的环境，通过计算机图形构成三维数字模型并生成以视觉感受为主，也包括听觉、触觉的综合可感知的人工环境，

---

❶ 陈丽佳 . 先进设计技术在现代设计中的实践研究，美术教育研究，2014.1.

从而在视觉上产生一种沉浸于这个环境的感觉，可以直接观察、操作、触摸、检测周围环境及事物的内在变化，并能与之"交互"，使人和计算机"融为一体"，形成"身临其境"的感觉。

（1）虚拟现实的特点与重要意义

计算机技术与思维科学相结合，在演进过程中产生了虚拟现实，拓展了人类认识世界的新通路。采用自然的方式与虚拟环境互动是虚拟现实的最大优势，之前不亲身经历就难以"真实"了解客观世界的状态，而现在使用虚拟现实可以有效扩展认知手段和领域。此外，虚拟现实除了作为演示媒体，还可以用来进行设计，它产生一个视觉化的多维信息空间，为用户创建和体验虚拟世界。虚拟现实技术的实时三维空间表现能力、人机交互式的操作环境以及身临其境的感受，在军事和航天领域的模拟和训练中发挥了重要作用。随着计算机硬件软件技术的发展，人们越来越认识到虚拟技术的重要作用，并在各行各业得到了不同程度的发展，如虚拟战场、虚拟城市、甚至"数字地球"等，显示出越来越广阔的应用前景。虚拟现实技术将使众多传统行业和产业发生革命性的改变。

（2）虚拟现实系统的组成

虚拟现实系统主要由专业图形处理计算机、应用软件系统、输入设备和演示设备等组成。人机交互（Interaction）是虚拟现实技术的特征之一。特殊的输入和演示设备可以识别各种输入命令，提供相应的反馈信息，人机之间充分交换信息，从而实现真正的仿真效果。可以根据不同项目的实际应用选择使用包括头盔式显示器、跟踪器、传感手套、屏幕式或房式立体显示系统、三维立体声音生成装置等设备。

（3）虚拟现实技术的分类

①桌面级的虚拟现实

桌面虚拟现实通过个人计算机和低级工作站进行仿真，计算机屏幕作为用户观察虚拟情景的一个窗口，各种外部设备一般用来驾驭虚拟情景或操纵虚拟情景中的各种物体。这些外部设备包括鼠标，追踪球，力矩球等。参与者在监视器前使用位置跟踪器和另一个手控输入设备（如鼠标、追踪球等），通过计算机屏幕观察360°范围内的虚拟情景并操纵其中的物体，但这时参与者并没有完全投入，因为它仍然会受到周围现实环境的干扰。桌面级的虚拟现实最大特点是缺乏完全投入的功能，但是成本也相对低一些，因而应用面比较广。常见桌面虚拟现实技术有：

基于静态图像的虚拟现实技术：这种技术采用连续拍摄的图像和视频而非传统的计算机图像的方式，在计算机中拼接以建立实景化的虚拟空间，能够以很小的计算代价在计算机平台上得到高度复杂和高度逼真的虚拟场景。

VRML（虚拟现实造型语言）：采用描述性的文本语言描述基本的三维物体造型，在互联网上极具应用前景。它通过一定的控制将基本的三维造型组合成虚拟场景，当浏览器浏览这些文本描述信息时，在本地解释执行，生成虚拟的三维场景。由于是利用文本描述三维空间，因而大大减少了在互联网上传输的数据量，使得在互联网上可以实现需要大量数据的虚拟现实。

桌面 CAD 系统：此类系统虚拟环境的建模通过桌面三维图形绘制技术如 Open GL、DirectDraw 等实现，利用计算机显示器观察并能自由控制视点和视角。这种技术在某种意义上也是一种虚拟现实技术，但桌面计算机计算能力会限制三维模型生成的复杂度和真实感。

②投入式虚拟现实

高级虚拟现实系统利用头盔式显示器或其他设备提供完全投入的功能，把参与者的视觉、听觉和其他感觉封闭起来，提供用户一个新的、虚拟的感觉空间，并利用位置跟踪器、数据手套、其他手控输入设备、声音等使得参与者产生一种身在虚拟环境中，并能全心投入和沉浸其中的感觉。常见的沉浸式系统有以下几种。

（A）基于头盔式显示器的系统：在这种系统中，参与虚拟体验者要戴上一个头盔式显示器，视听觉与外界隔绝，根据应用的不同，系统将提供能随头部转动而随之产生的立体视觉、三维空间。通过语音识别、数据手套、数据服装等先进的接口设备，从而使参与者以自然的方式与虚拟世界进行交互，如同现实世界一样。这是目前沉浸度最高的一种虚拟现实系统。

（B）投影式虚拟现实系统：它可以让参与者从一个屏幕上看到他本身在虚拟环境中的形象，为此，使用电视技术中的"抠像"技术，让参与者站在某一纯色（通常为蓝色）背景下，架在参与者前面的摄像机捕捉参与者的形象，并通过连接电缆，将图像数据传送给后台处理的计算机，计算机将参与者的形象与纯色背景分开，换成一个虚拟空间，与计算机相连的视频投影仪将参与者的形象和虚拟环境本身一起投射到参与者观看的屏幕上，这样，参与者就可以看到他自己在虚拟空间中的活动情况。参与者还可以与虚拟空间进行实时的交互，计算机可识别参与者的动作，并根据用户的动作改变虚拟空间，如来回拍一个虚拟的球或走动等，这可使得参与者感觉就像是在真实空间中一样。

（C）远程存在系统：远程存在系统是一种虚拟现实与机器人控制技术相结合的系统，当某处的参与者操纵一个虚拟现实系统时，其结果却在另一个地方发生，参与者通过立体显示器获得深度感，显示器与远地的摄像机相连；通过运动跟踪与反馈装置跟踪操作员的运动，反馈远地的运动过程（如阻尼、碰撞等），并把动作传送到远地完成。

③增强现实性的虚拟现实

增强现实性的虚拟现实不仅是利用虚拟现实技术来模拟现实世界、仿真现实世界，而且要利用它来增强参与者对真实环境的感受，也就是增强现实中无法感知或不方便感知。这种类型虚拟现实典型的实例是战机飞行员的平视显示器，它可以将仪表读数和武器瞄准数据投射到安装在飞行员面前的穿透式屏幕上，它可以使飞行员不必低头读取座舱中仪表的数据，从而可集中精力盯着敌人的飞机和导航偏差。

④分布式虚拟现实

如果多个用户通过计算机网络连接在一起，同时参加一个虚拟空间，共同体验虚拟经历，那虚拟现实则提升到了一个更高的境界，这就是分布式虚拟现实系统。目前最典型的分布式虚拟现实系统是作战仿真互联网和SIMNET。

（4）虚拟现实技术的设计

自定义虚拟仿真是网络三维可视化的重要应用，主要在于产品形态对用户关注的影响。同时，对产品结构的实时体验对用户最终的产品选择起到关键作用。VRML语言是虚拟仿真技术应用于网络三维可视化的开始，ISO / IEC VRML97 经常用来实现各种网络虚拟现实环境和产品展示，在互动效果、程序大小和图像质量及其他相关方面的表现深受用户好评。确定设计方案后，运用 CAD 等建模软件工具进行产品非模块部分设计，并与系统资源库中的标准化模块选择组合，通过虚拟仿真技术实时测试和调整其各部分组合关系，并以可视化的方式进行人机交互。

①虚拟产品开发

也称虚拟设计制造（Virtual Design and Manufacturing），是在虚拟环境中模拟产品设计制造的真实过程。

虚拟产品开发的实质是将产品开发的全过程虚拟地实现，包括从概念设计到投入使用的产品全生命周期，都在计算机数字技术虚拟环境中构建完成。它不仅模拟和可视化产品的物质形态和制造过程，而且预测、评价产品的性能、行为和功能，优化产品实现各阶段的实施方案，是产品开发的虚拟测试平台。虚拟产品开发可狭义地分为虚拟设计和虚拟制造两部分。美国 *Computer-Aided Engineering* 杂志副总编 Schmitz 曾在《虚拟设计的光辉前程》一文中阐述了虚拟设计的主要技术内容："交互式可视化虚拟原型制作（Virtual Prototyping）、网络化并行设计、虚拟装配和工程分析及设计参数。"日本大阪大学小野里等人对虚拟制造系统的技术内涵进行了深入的研究，从虚拟信息系统和虚拟物理系统两部分对虚拟制造系统进行了划分，并建立了虚拟制造系统开发环境的模型。

②VPD 的特点

VPD 具有全数字化虚拟产品建模，设计空间到试验空间映射的多学科集成仿真试验，通过虚拟现实（Virtual Reality，VR）系统为设计者提供直观的感知交互等特点。

③虚拟产品开发技术的研究与应用现状

虚拟现实（VR）是通过计算机生成虚拟三维环境，用户借助适当的界面操纵其中的拟实对象并沉浸其中，采用人类的表达形式进行交互。而虚拟产品开发则是采用虚拟现实技术构造产品设计制造的虚拟环境，并集成设计、制造工艺、制造过程。虚拟产品开发的研究集中在以下几个方面。

A. 与软件相关的技术方面

（A）可视化：研究怎样将各种信息以直观的形式显示出来；

（B）环境构造：研究采用虚拟现实技术开发工作环境的技术；

（C）信息表达：研究与方法、语义和语法有关的信息表达方式；

（D）元模型建模方法：研究建立可以调节模型间相互作用的模型；

（E）集成体系结构：研究怎样构成软硬件系统；

（F）模拟：研究在计算机上设计真实系统模型的过程；

（G）方法论：研究开发和应用虚拟产品开发系统的方法；

（H）制造特性：研究在制造过程中影响材料变形的变量的采集、测量和分析；

（I）评价：研究虚拟产品开发系统的评价。

B. 与硬件相关的技术方面

（A）输入输出设备：基于 CRT 和 LCD 的头盔显示器（HMD）、普通计算机显示器、投影系统、可视化眼镜、数据手套、数据背心、蹋滚、摇杆、触垫、触觉球、麦克风、合成器、耳机和音响系统；

（B）信息采集存储设备；

（C）高速计算系统；

（D）网络结构（星状、总线、环状）、异种机网络、通讯硬件等。

C. 交互技术方面

（A）虚拟产品开发环境有效性评价方法；

（B）人机工程评价（人机交互、人人交互相关）。

与其他一些学科不同，虚拟产品开发的概念提出之后迅速得到响应，企业界立即给予了关注和重视，一些企业开始局部性的实施和应用。美国福特汽车公司是第一个采用网络并行设计技术设计赛车的企业。采用这项技术设计制造的新型 SS1 型赛车从开始设计到第一次上道测试只用了 9 个月的时间。波音 777 双喷机型是世界第一架"无纸客机"，波音公司在该机型研发成功之后决定采用虚拟产品开发技术研制新一代 737 客机。美国 Sandia 国家实验室采用虚拟原型制造技术开发新一代计算机芯片，这种芯片只有现在芯片的 1/25 大小。

John Deere 公司在焊接设备安装机器人的设计、评价和测试中采用虚拟产品开发技术，大幅缩短了设计制造周期。考文垂艺术设计学院利用虚拟样机技术对正在设计的轿车进行虚拟道路测试，评价轿车的道路适应性和驾驶员视野。国内虚拟产品开发方面的研究正在起步，大部分研究属于概念和结构框架的范畴，多数还限于目标系统层面开发环境的研究，没有深入到虚拟设计制造层面，对于模型构造这一虚拟设计制造核心层面的研究就更为缺乏。因此，结合工程学科，重点解决虚拟设计制造中的重大技术基础问题，并在深入研究核心技术的基础上，建立虚拟产品开发环境，并深层次开发模型构造环境，从而建立起面向应用的虚拟产品开发平台，这对深入研究虚拟产品开发技术具有重要价值。

④虚拟产品开发的作用

VPD 技术极大地增强了企业的创新能力，它能够在虚拟状态下构思、设计、制造、测试和分析产品，以有效解决时间、成本、质量等诸多领域存在的问题。作为一项总体经营战略，制造厂商和产品开发公司开始深入挖掘和拓展 VPD 的潜力。其中，汽车工业对 VPD 情有独钟，并且较早介入，积极应用 VPD 技术，如美国的克莱斯勒和福特汽车公司、德国的大众汽车公司以及日本的一些汽车公司。因为一旦错过新车型推出的时机，就会失去应有的市场份额，遭受利润损失，甚至使公司破产。采用 VPD 技术后，汽车工业新车型开发的时间可由 36 个月缩短到 24 个月以内，竞争的优势显著加强，其影响不可估量。现在 VPD 技术已在汽车、航天、机车、医疗用品等诸多领域成功地应用，对工业界产生了强大的冲击。

新产品开发实质上就是产品的工程设计过程。传统的方法是由工程师设计出产品并制造出原型，然后进行测试和验证。如果产品达不到规定的要求，就反反复复地进行这一过程，直到满意为止。而 VPD 技术则是利用计算机完成产品整个开发过程，工程师完全是在计算机上建立虚拟产品模型，对模型进行分析，然后改进产品设计方案，用数字模型代替原来的实物原型，进行分析、试验、改进原有的设计。这样常常只需制作一次最终的实物原型，使新产品开发一次获得成功。

CAD/CAM/CAE/PDM（简称 C3P）是实施 VPD 的强大支持技术，国际上著名的企业将快速原型（RP）、虚拟现实（VR）、互联网（Internet）等作为实施 VPD 的重要手段。VPD 是由从事产品设计、分析、制造、仿真和支持等各专业领域的人员组成。他们通过网络通信组建成"虚拟"的产品开发小组，将设计人员、工程师分析专家、供应厂商以及客户联成一体，实现异地合作开发。VPD 的实施意味着将不同的思考方法和完成设计任务的方法，为适应这些变化，对于工程技术人员和管理人员的培训是非常重要的。开发 VPD 的意义在于企业通过 VPD 把握产品开发过程，能对客户的需求变化做出快速灵活的反应，并且完全按照规定的时间、成本和质量要求快速地将产品推向市场。

A. 虚拟产品展示

产品设计的主要内容是结构分析和形态规划。现代信息技术的迅猛发展为产品设计提供了许多设计软件，特别是三维造型方面，如 3DMax，Maya 和 RHINO 等，运用在虚拟模型设计的不同领域。产品三维软件建模需要处理好模式的转换和几何模型生成，而 3DMax，Maya 或 RHINO 三维造型软件为专业人士提供了建模和纹理渲染的强大的独特优势。首先用 3Dmax、Maya 或 RHINO 进行设计，然后将渲染好的模型以平面软件进行贴图处理，然后输出至类似 Cuh3D 这样的后期处理，然后进入专业 3DVR 场景进行交互式编辑和文本添加，输出文件到网络即成为 3DVR 交互网页。观众可以真切地感受到产品内部和外部特征的各个方面，而且设计师和用户可以借助网络三维技术交流和沟通设计思想。

通过使用 Java 内核实现基本的交互性能，不仅可以完成动态交互显示的基本功能，也允许用户使用 Web 界面如按钮和下拉列表框。用户可以用鼠标操纵对象以不同的角度展示产品的形态、色彩和功能，甚至改变其颜色、质地或组合、分离，丰富了三维交互在浏览中的效果（图 3-5）。

图 3-5　虚拟模型的建立与交互设置

B. 虚拟产品前期定位（User Experience）

通过 3Dmax 或 Maya 等计算机设计软件将 3D 产品模型输出成中间交换文件格式并置入专业 3DVR 软件中进行场景设置、交互编辑以及在需要说明的地方加入文字介绍等，输出成可交互的 3DVR 文件。同时对反馈的 UE 数据库数据进行 UE 评价指标转换，依据转换结果对 3D 产品模型进行实时修正并通过 UE 数据库反馈用户直至最终确定产品设计的预期目标定位。这样，不但用户可以从不同角度真实详细了解产品的外在和内在特性，设计者也可以通过网络三维技术与用户交流，保证设计思维的忠实传递。

3DMax 或 Maya 三维产品模型作为结果输出到中间文件格式，并通过专业的 3DVR 软件进行场景生成、互动编辑和文本标注，然后输出为互动的 3DVR 网络页面描述文件。对反馈的 UE 数据库数据进行 UE 评价指标转换，通过数据库实时修正转换的三维产品模型，并反馈用户修改后的数据，以确定最后的产品设计标准。适用于从不同的角度了解产品设计的外部和内部特征，通过三维技术准确地传达设计思维的更多信息。

使用交互式计算机技术和用户体验（UE）在虚拟环境中对产品设计元素加以精确的实时控制，减少了现实的实物产品测试，可以适应设计要求的变化，实现实时动态的修改，设计达到较为准确的程度后再进入真实产品的设计。

C. 数据工具平台（DTP）

DTP 是数据工具平台（Data Tools Platform）的简称。前述设计过程带来大量数据交换，必须能够将各种行业设计软件应用平台的数据快速转换为通用文件格式，传送到外围应用体系中的设备（敏捷制造系统、虚拟产品显示系统）形成产品样本，同时将终端用户的需求转化为参考数据快速反馈给设计师，这一过程的顺利实现对于产品设计的快速响应的功能实现是非常关键的。因此，DTP 应该容易配置而不是复杂的使用。数据管理应能够适应无论是开发工作的申请，或是管理员维护及监测，都可提供一致的和高度可用的环境以及与设计和工程相关的技术信息。

设计师可以图形用户界面访问 DTP，而其他人员直接通过命令。用户（开发者和管理者）可以建立、修改和测试产品设计资源数据库的客户端文件，然后发送完整的转换代码至 CAM/AM 系统，大幅提高生产效率。

基于交互式用户体验的产品设计前期定位通过计算机交互技术 + UE 设计 + 典型产品 VR 模型 + UE 标准数据库 + UE 评价指标转换模型进行系统整合，实现产品设计预期目标定位的系统功能。

通过 3Dmax 或 Maya 等计算机设计软件将 3D 产品模型输出成中间交换文件格式并置入专业 3DVR 软件中进行场景设置、交互编辑以及在需要说明的地方加入文字介绍等，输出成可交互的 3DVR 文件。同时对反馈的 UE 数据库数据进行 UE 评价指标转换，依据转换结果对 3D 产品模型进行实时修正并通过 UE 数据库反馈用户直至最终确定产品设计的预期目标定位。这样，不但用户可以从不同角度真实详细地了解产品的外在和内在特性，设计者也可以通过网络三维技术与用户交流，保证设计思维的忠实传递。

在交互性能的实现上，3D 中间交换文件格式采用基于 Java 的内核，不但可以直接完成基本的交互动态展示，还可以利用 JavaScript 进行编译并将它应用于 3D 对象，使用户可以利用熟悉的 Web 用户界面（如按钮和下拉列表框）控制 3D 对象的外观和动态，从而为用户提供真实和易用的人机界面。

3.4.3　人工智能技术（Artificial Intelligence）

（1）人工智能的概念

早在古埃及时期就出现了人工智能的传说，但 1941 年以来电子计算机技术已取得长足的发展，从目前的技术来看，最终将可以创造出机器智能。1956 年 DARTMOUTH 学会上最早提出了"人工智能"（Artificial Intelligence）一词，此后众多理论和原理应运而生，人工智能的概念也随之扩展。人工智能在不长的发展历史中比预想的进化要慢，但一直在前进，至今已经出现了许多 AI 程序，并且影响到了其他技术的发展。❶

在计算机领域内，人工智能得到了更加广泛的重视，并在机器人、经济政治决策、控制系统、仿真系统中得到应用。人工智能是计算机学科的一个分支，20 世纪 70 年代以来被称为世界三大尖端技术之一（空间技术、能源技术、人工智能），也被认为是 21 世纪三大尖端技术（基因工程、纳米科学、人工智能）之一。这是因为近 30 年来它在很多学科领域都获得了广泛应用，获得了迅速的发展并取得了丰硕的成果，人工智能已逐步成为一个独立的分支，无论在理论和实践上都已自成一个系统。

人工智能是研究使计算机来模拟人的某些思维过程和智能行为（如学习、推理、思考、规划等）的学科，主要包括计算机实现智能的原理、制造类似于人脑智能的计算机，使计算机能实现更高层次的应用。人工智能涉及的学科涵盖了计算机科学、心理学、哲学和语言学等，几乎包含了自然科学和社会科学的所有学科，其范围已远远超出了计算机科学的范畴。实践和理论的关系是人工智能与思维科学关系的主要特征，从思维科学的层次来说，人工智能处于技术应用层次，是其应用的分支。从思维观点看，逻辑思维不仅仅是人工智能的唯一形式，也包括形象思维、灵感思维等形式，这些形式的综合作用才能在人工智能的发展过程中取得突破性的结果。数学作为多种学科的基础科学，不仅在标准逻辑、模糊数学等领域扮演了重要角色，也进入了语言、思维领域等发挥作用。数学与人工智能学科融合，人工智能学科也借助数学作为工具，两者可以互相促进从而发展得更加迅速。❷

目前，弱人工智能不断地迅猛发展，尤其是 2008 年经济危机后，美日欧希望借机器人等实现再工业化，工业机器人技术的发展比以往任何时候都更加迅速，并进一步带动了弱人工智能和相关领域产业的不断突破，很多工作原先需要人工完成，现在已经能用机器人技术实现。而强人工智能则暂时处于瓶颈，还需要更进一步地深入研究。

（2）人工智能的实现

在计算机上人工智能有两种不同的实现方式。一种是采用传统的编程技术，使系统呈现智能的效果，而不考虑所用方法是否与人或动物机体所用的方法相同。这种方法称为工程学方法（Engineering Approach），它已在某些领域取得了相关成果，如文字识别、计算机下棋等。另一种是模拟法（Modeling Approach），它不仅要看效果，还要求实现方法也和人

---

❶　https：//baike.baidu.com/item/%E4%BA%BA%E5%B7%A5%E6%99%BA%E8%83%BD/9180?fr=aladdin.

❷　为什么人工智能（AI）如此难以预测？腾讯科技．2014.12.29.

类或生物机体所用的方法相同或相类似。遗传算法（Generic Algorithm，简称 GA）和人工神经网络（Artificial Neural Network，简称 ANN）均属后一类型。遗传算法模拟人类或生物的遗传—进化机制，人工神经网络则是模拟人类或动物大脑中神经细胞的活动方式。两种方式通常都可使用，可以得到类似的智能效果。前一种方法需要人工详细规定程序逻辑，适用于相对简单的应用场景。但如果场景比较复杂，如某些大型游戏，角色数量和活动空间很多，则相应的程序逻辑就会很复杂（按指数式增长），人工编程就非常烦琐且容易出错。而一旦出错，就必须修改原程序，重新编译、调试，最后为用户提供一个新的版本或提供一个新的补丁，非常麻烦。后一种方法要求编程者具有生物学的思维方式，为每一角色设计一个智能系统（模块）来进行控制，该智能系统（模块）最初就如同初生婴儿般不具备知识，但它能够自主的学习并渐渐适应环境，应付各种复杂情况。虽然在初始阶段也会出现错误，但系统通过学习，在后续运行时就可能修正而不会永远出错，因此不需要发布新版本或新补丁。由于这种方法编程时无须对角色的活动规律做详细规定，解决复杂问题通常会比前一种方法更省力。

人工智能技术目前的应用领域包括自动驾驶（OSO 系统）、印钞工厂（¥ 流水线）、猎鹰系统（YOD 绘图）等。

3.4.4　区块链（Blockchain）

区块链是分布式数据存储、点对点传输、共识机制、加密算法等计算机技术的新型应用模式。区块链（Blockchain）中的区块是一个一个的存储单元，记录了一定时间内各个区块节点全部的交流信息。各个区块之间通过随机散列（也称哈希算法）实现链接，后一个区块包含前一个区块的哈希值，随着信息交流的扩大，一个区块与一个区块相继接续，形成的结果就叫区块链。❶

区块链是一个分布式的共享账本和数据库，具有去中心化、不可篡改、全程留痕、可以追溯、集体维护、公开透明等特点。这些特点保证了区块链的"诚实"与"透明"，为区块链创造信任奠定基础。而区块链丰富的应用场景，基本上都基于区块链能够解决信息不对称问题，实现多个主体之间的协作信任与一致行动。❷

3.4.5　远程交互系统

---

❶ 章刘成，张莉，杨维芝．区块链技术研究概述及其应用研究．商业经济，2018（4）：170-171.
❷ 区块链，换道超车的突破口．新华网，2019-11-08.

（1）网络平台会议

网络平台会议提供基于标准的音频、视频和多点数据会议支持，实现了网络实时通信和协同工作，通过文字聊天、电子白板、文件传送、程序共享等功能达到对任务的协调，因此可以被用来作为网络协同设计的工具，其系统结构如图 3-6 所示。

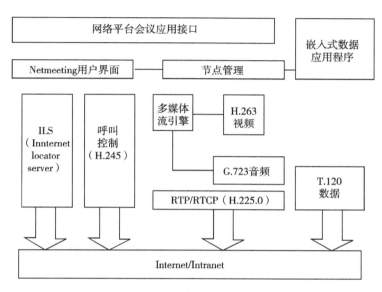

图 3-6　网络协同系统结构图

（2）应用程序共享

各协作单位常常在设计过程中使用不同的设计软件，使用程序共享技术可以达到设计软件的同步协同和共享，每个异地用户都可以共享相同的软件界面，其变化也可以实时发送给每个用户，其原理如图 3-7 所示。

通过提供远程分布和同步控制模块，将共享和远程控制功能用于多个用户和服务器之间的通信，以实现远程设计任务的协同。当该模块安装于软件服务器上时，软件资源就可以被转化为能够被多个用户远程协同使用的共享资源。多个用户可以将设计图纸在远程 CAD 服务器中打开，并对该设计图纸进行同步浏览和在线协同编辑。当该模块安装于计算机终端并共享桌面时，它可以实时监控软件界面的变化，将该软件界面的屏幕显示变化转换为数据流传输给各个远程用户客户端，由客户端程序按照接收到的数据变化，重新显示软件界面，实现同一个软件不同客户的同步，实现实时的软件界面可视化和共享。

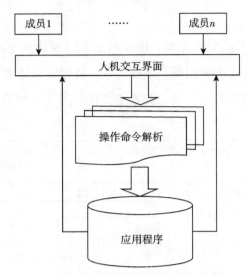

图 3-7　应用程序共享示意图

（3）Web 服务器

Web 服务器上的多媒体信息是由 HTML（非动态交互网页）或 ASP 语言（交互式动态网页）构成。通过设立 Web 服务器并与互联网连接发布信息，使用上述语言编写的信息是在服务器上的指定目录中以网页形式存储的。因此，任何互联网的用户都可以访问该网页。系统所提供的设计交互即是由建立在 Web 服务器基础上的信息发布与交互实现，其关系如图 3-8 所示。❶

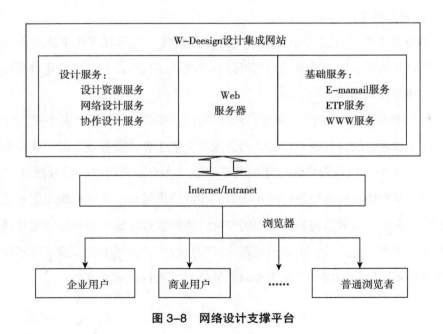

图 3-8　网络设计支撑平台

---

❶　陈艳．面向中小企业网络化协同设计支持平台关键技术研究，中国海洋大学，20090601．

3.5　产品设计快速响应模式的辅助技术

3.5.1　快速成型技术（Rapid Prototyping）

快速原型（Rapid Prototyping，简称 RP）也称为快速原型制造（Rapid Prototyping Manufacturing，简称 RPM），是一项建立在材料集聚原理上的高科技材料制造工艺，20 世纪末期逐渐兴起，过去 20 年来在制造技术方面取得了长足的进步。快速成型技术是由计算机控制，按照离散、积累的原则对材料使用不同的方法加以集聚形成零件的生产技术。材料可看作是由"点"或"面"的集聚形成的堆栈。离散"点"或"面"的几何信息通过 CAD 模型得到，然后结合成型过程的参数信息，通过一定的规律，由点到面和由面带体地精密积累材料生成完整零件。制造过程由 CAD 模型生成三维几何信息，经由多维控制系统以激光或其他方式顺序堆放材料生成原型。它结合了机械工程、CAD、逆向工程、数字控制技术、材料科学、激光制造技术，自动、直接、迅速、准确地直接制造特定功能的零件和原型，从而以低成本的方式验证原型设计以及新的设计理念。

快速成形技术的特点是：制造原型所用的材料不限，各种金属和非金属材料均可使用；型的复制性、互换性高；制造工艺与制造原型的几何形状无关，在加工复杂曲面时更显优越；加工周期短，成本低，成本与产品复杂程度无关，一般制造费用降低 50%，加工周期节约 70% 以上；高度技术集成，可实现设计制造一体化。❶

RP 技术的特点使其不仅具有快速响应能力、产品开发和生产准备的并行能力，而且数据流动实现了在集成中的全自动化。RP 设备采用统一的输入数据格式（STL），保证了制造资源的可集成性。通过信息高速公路可以将 RP 技术工程中心、服务中心、用户、制造商联系在一起，实现信息实时交流和远程制造。

3.5.2　敏捷柔性生产制造系统（Agile Manufacturing）

敏捷制造（Agile Manufacturing）的概念由美国里海（Lehigh）大学亚柯卡（Iacocca）研究所于 20 世纪 90 年代提出。因其可根据用户需要生成客户满意度较好和极富竞争力的产品，并在最短的时间内以最便宜的方式交付，因而成为信息时代全球市场竞争中最具竞争力的生产方式。敏捷制造具备灵活的动态组织架构，可以以最快的速度为不同的公司与企业创建具

---

❶ （EB/OL）http://wiki.mbalib.com/wiki/%E5%BF%AB%E9%80%9F%E6%88%90%E5%BD%A2%E6%8A%80%E6%9C%AF.

有活力的伙伴关系，形成快速反应能力，以现代化的生产技术来制造产品。产品设计快速响应模式要满足客户个性化和快节奏的需求，生产流程必须敏捷化和柔性化。企业的生产装配线必须具备快速调整的能力，具有更高的柔性和更强的加工变换能力，从而使生产系统能适应不同品种和式样的加工要求。

3.5.3　数字信息网络（Internet）

互联网诞生到发展壮大的过程中充分体现了网络的传播介质特性。互联网是一种优良和价格低的私人间通信工具。其中电子邮件始终是使用最为广泛也最受重视的一项功能。由于电子邮件的出现，人与人之间的交流变得更加方便和普遍。同时，作为一种传媒，互联网通过成千上百万大量的信息交换和网站访问，实现了其广义的、宽泛的、公开的大众传媒的作用。

3.5.4　工业互联网络（Industrial Internet）

（1）工业互联网概念

"工业互联网"（Industrial Internet）是开放、全球化的网络，将人、数据和机器连接起来，属于泛互联网的目录分类。它高度融合了全球工业系统与高级计算、分析、传感技术及互联网。美国通用电气于 2012 年最早提出了"工业互联网"的概念，随后美国五家行业龙头企业联手组建了工业互联网联盟（IIC），将这一概念大力推广开来。除了通用电气这样的制造业巨头，加入该联盟的还有 IBM、思科、英特尔和 AT&T 等企业。把设备、生产线、工厂、供应商、产品和客户通过工业互联网平台紧密地连接融合起来是其本质和核心。工业互联网可以拉长制造业产业链，形成跨设备、跨系统、跨厂区、跨地区的互联互通，从而提高效率，推动整个制造服务体系智能化。还有利于推动制造业融通发展，实现制造业和服务业之间的跨越发展，高效共享工业经济各种要素资源。整个工业互联网标识解析体系的核心环节是一个国家顶级节点，是支撑工业领域互联互通的神经枢纽。按照工信部统一规划和部署，中国工业互联网标识解析国家顶级节点设置在北京、上海、广州、武汉、重庆五大城市。在此基础上，中国共有 16 家以制造业为主的企业进入了全球顶级最先进制造业网络（Lighthouse Network，灯塔工厂全球共 54 家，2020.9），成为领先世界的中国灯塔。

（2）工业互联网的主要内容

2013 年 6 月，GE 提出了工业互联网革命（Industrial Internet Revolution）。工业互联网的目标是升级关键的工业领域。如今在全世界有数百万种机器设备，从简单的电动摩托到高尖端的 MRI（核磁共振成像）机器。有数万种复杂机械的集群，从发电的电厂到运输的飞机，其核心都是通过数字化转型提高制造业水平。

工业互联网将整合两大革命创新的优势：一是工业革命背景下出现的无数台机器、设备、机组和工作站；二是更为强大的网络革命影响下产生和发展的计算、信息与通信系统。整合过程中以下三种元素逐渐融合：

（A）智能机器：以崭新的方法将现实世界中的机器、设备、团队和网络通过先进的传感器、控制器和软件应用程序连接起来；

（B）高级分析：使用基于物理的分析法、预测算法、自动化和材料科学，电气工程及其他关键学科的深厚专业知识来理解机器与大型系统的运作方式；

（C）工作人员：建立员工之间的实时连接，连接各种工作场所的人员，以支持更为智能的设计、操作、维护以及高质量的服务与安全保障。

工业互联网的精髓就在于融合这些元素，为企业与经济体提供新的机遇。例如，传统的统计方法通常将数据、分析和决策分隔开来，而受益于先进的系统监控和信息技术成本的下降，实时数据处理的规模得以大幅度提升，高频率的实时数据提供系统操作以全新视野，机器分析则开辟了分析流程的新维度。结合各种物理方式、行业特定领域的专业知识、信息流的自动化与预测及大数据工具，工业互联网将涵盖传统方式与新的混合方式，通过先进的特定行业分析，充分利用历史与实时数据，通过智能机器间的连接并最终将人机连接，结合软件和大数据分析，重构全球工业、激发生产力，让世界更美好、更快速、更安全、更清洁且更经济。❶

3.6　本章小结

有关文献研究表明，基于实例的设计占全部设计活动的 75%，在新产品开发中约 40% 是重用过去的部件设计，约 40% 是对已有的部件设计稍作修改，而只有约 20% 是完全的创新设计。❷ 从中小企业的角度出发，改良设计和更新设计是在产品设计过程中遇到最多的情形，是在原有产品形态和结构基础上的局部修改和调整。通过两种途径可以实现这一过程：首先是通过分析现有用户需求，以现有产品设计模块作为产品改良设计的组成部分，以形成新的设计；其次是依据相同主题现有产品的元素属性形成新的产品设计；这一模式的功

❶　何为工业互联网的真正概念？物联网在线 . 2013-07-30.

❷　Rezayat M. Knowledge-based product development using XML and KCS. Computer-Aided Design, 2000（32）: 299—309.

能实现，首先需要建立包括产品实例库、标准件库等在内的企业设计资源库，然后构建产品快速设计平台。其基本流程为：用户需求分析→产品设计方案→部件模块设计→产品虚拟仿真→设计图输出。通过实例库、标准件模型库等设计资源库的支持，经过多次设计反馈，最终设计出用户满意的产品。

这一产品快速设计响应模式通过设计流程的优化，在产品的最初设计阶段，以用户需求为基础快速控制和组合产品各部分元素，使设计更具及时性和可预见性，后期产品设计更符合客户要求，并与市场需求同步。同时，该模式的实现也不可缺少包括网络协同设计等先进设计技术以及人工智能、大数据、快速成型、信息网络等外围辅助技术的支持。

第 4 章
基于流程优化的产品设计快速响应模式在中小企业的导入

为应对时刻变化的市场需求，中小企业可以通过导入产品快速设计，逐步建立起自身的产品和企业品牌。但是不同行业或同一行业的不同企业，其生存和竞争的内外部环境都存在差异性；同时，任何一种产品设计模式都不可能解决所有的产品设计问题，因而，科学的评价该模式的导入，才能对中小企业产品和品牌的建设起到指导和促进作用。

4.1 产品设计快速响应模式评价体系构建

4.1.1 可行性评价

中小企业资金短缺问题严重。我国中小企业所面临的最突出问题是融资困难。由于我国中小企业数量众多，企业的情况参差不齐，给中小企业贷款增加了银行的业务量和经营风险；同时，中小企业难以向银行提供贷款担保，也由于信息不对称银行对其缺乏信任，因此，我国中小企业的资金来源十分有限，一般主要依靠自身积累和亲友的借款。在这种情况下，企业不愿在产品创新上进行过多的投入。

产品设计快速响应模式本质上是一种设计过程的优化。在系统思想指导和标准技术、现代设计方法、信息技术和先进制造技术的支持下，通过将现有的产品设计、品牌规划等成熟的科学理论，结合计算机虚拟技术、空间建模技术、数据库技术、信息网络技术、计算机辅助制造 / 敏捷制造（CAM/AM）以及智能制造（IM）等已被广泛应用或正在成熟的方法与技术，并充分利用企业已有的各种设计资源，将传统的产品设计流程进行整体优化。其基本思路是基于产品零部件和产品结构的相似性、通用性，利用标准化、模块化设计等方法降低产品的内部多样性，增加用户可体验的外部多样性，将产品定制设计转化或部分转化为零部件的标准化设计，从而以低成本、高质量和高效率的产品设计方案满足用户的个性化和快速化需求。这一模式主要是对现有设计方法与技术的优化整合，而较少涉及高精尖的技术研发，对于技术创新能力较弱的中小企业来说，基本无须从无到有的新技术开发，因而可以有效减轻企业的技术开发和资金投入压力；另外，由于该模式的应用所带来的产品设计周期的缩短，也使企业的产品设计成本和市场营销风险降低。因此，产品设计快速响应模式由于具有较高的技术可获得性和较低的开发与应用成本，适于在中小企业推广应用。

4.1.2　绩效评价

产品开发一般包含产品构思（Concept Design）、产品设计（Product Design）、工艺设计（Process Planning）三阶段。而后两个阶段几乎占用了 60% 的开发时间，决定了 70% 的成本，因而是中小企业快速响应客户要求的瓶颈，是产品开发的关键因素。

通过产品开发绩效评价可以了解企业产品开发的总体情况，然后分析资本贡献率、劳动生产率、物质资源、管理等因素与产品开发绩效之间的关系，找出产品开发过程中存在的问题，然后采取适当的对策加以解决。

影响产品开发绩效的因素有很多，应避免主观因素的影响并考虑中小企业的客观现实，选择易于统计且代表性较强的项目作为优先指标，客观科学地反映产品开发状况。产品开发绩效评价指标一般包括用户接受度、企业盈利水平、产品技术水平和社会效益等。

（1）用户接受度

用户接受度是用户对企业和员工提供的产品和服务的直接性综合评价，是用户对企业、产品、服务和员工的认可。用户接受度是用户感觉状态下的一种水平，是企业当前所提供产品、服务的最终表现与顾客当前对它的期望、要求相比吻合程度如何，而非以自身为出发点来了解用户是否满意，企业经营回报的高低以及发展潜力的长短取决于用户接受度的高低。

顾客满意度和市场占有率，反映企业从卖方市场的单一产品观念向买方市场的品牌——产品的整合营销观念的转变，将用户置于主导地位，采取以用户为关注焦点的企业经营战略。用户对产品的需求和期望、竞争对手与本企业所处的地位、用户对产品或服务的不满和抱怨，理解这些方面将使员工更能融入本企业的文化氛围，增强责任感，最大限度发挥积极性和创造性；使企业明确产品或服务存在的急需解决问题，并识别顾客隐含、潜在的需求，有利于产品创新和持续改善经营战略、企业文化和员工队伍，推进创新机制，显著增强企业的适应能力和应变能力，提高市场经济体制下的竞争能力。

（2）企业盈利水平

自计划经济体制向市场经济体制转化以来，国内企业的首要使命便是生产和销售可以获得利润的产品，经济指标直接反映了产品开发所带来的经济利益。产品的发展总是取决于市场的需求，市场的检验是新产品是否成功的标志。产品如果能够有效满足市场需求和用户的潜在需要，就能取得良好的销售业绩。因此，企业要想在市场竞争中立于不败之地，就必须根据市场的变化快速开发新产品。

销售额和利税额是衡量企业产品开发绩效的重要指标，企业平均销售额和平均利税额指标反映了产品的经济效益。新产品所占销售比例反映了新产品引入市场后为企业赢得了多少实际利益。

（3）产品技术水平

新产品的技术水平在一定程度上反映了企业的开发能力和潜在的竞争优势。新产品如果具有较高的技术含量和自主知识产权，特别是商业竞争的核心技术专利，就难以被竞争对手取代，企业就能够更长久地获得由产品开发所产生的商业利益。

（4）社会效益

产品开发绩效评价在对经济效益侧重的同时，还需要更多地关注社会效益。随着环保意识的提高，人们更多地关注经济发展与环境保护的关系，产品开发也应以对环境影响最小化为目标。此外，产品开发还包括对区域就业和相关产业的促进作用。新产品开发的经济效益和其对就业的影响紧密相关，产品销售的增长会需要更多的技术工人。此外，新产品开发对相关产业也将产生影响，如能否促进当地的原材料和配套产品的发展，新产品性能的提高是否提升了上游产品的性能以达到促进销售的目的等。❶

产品开发绩效综合评价指标详见表 4-1。

表 4-1　产品开发绩效评价指标

评价项目	一级评价指标	二级评价指标	计算方法
用户接受度 A	顾客满意度 A1	使用增加率 A11	增加使用额 / 单品使用总额
		重复购买率 A12	重复购买本产品人数 / 总购买人数
		推荐购买率 A13	推荐购买本产品人数 / 总购买人数
	市场份额 A2	总体市场份额（绝对市场份额）A21	本企业产品销售额 / 全行业销售额

---

❶　娄策群，王鑫鑫 . 区域新产品开发绩效的综合评价，科技进步与对策，2004,5：21-23.

续表

评价项目	一级评价指标	二级评价指标	计算方法
		目标市场份额（客户份额）A22	本企业产品销售额 / 目标市场销售额
		相对于 3 个最大竞争者的市场份额（相对市场份额）A23	本企业产品销售额 / 市场前三位竞争者销售总额
		相对于最大竞争者的市场份额（相对市场份额）A24	本企业产品销售额 / 市场最大竞争者销售总额
企业效益 B	销售额 B1	新产品销售总额 B11	
		企业平均销售额 B12	新产品销售总额 / 企业数
		新产品所占销售率 B13	新产品销售额 / 企业产品销售总额
	利润额 B2	新产品利税总额 B21	
		企业平均利税额 B22	新产品利税总额 / 企业数
	新产品项目产出投入比 B3		新产品项目平均收入 / 项目平均投入
技术水平 C	企业平均拥有专利数 C1		区域专利数 / 企业数
	企业平均新产品项目数 C2		区域新产品开发项目数 / 企业数
社会效益 D	区域环境改善 D1		
	区域就业促进 D2		新产品开发销售从业人员增加数
	相关行业带动 D3		

4.1.3　响应度评价

随着创新周期的缩短和全球化市场的形成，未来市场的变化正由对产品的大批量、低成本需求向着用户的最大满意度，即产品的个性化、多样化、完善化及迅速供货的方向发展。中小企业要想在这样的竞争环境中获胜，必须抓住市场机遇，做到快速响应，迅速开发出用户所需要的产品。

中小企业导入产品设计快速响应模式的重要评价指标就是其响应度，即该模式对外部市场需求及环境的变化做出有效反应的快捷程度及效率，具体指标包括时间、成本、稳定性和适应范围等。

产品开发响应度综合评价指标详见表 4-2。

表 4-2　产品开发响应度评价指标

评价项目	一级评价指标	二级评价指标
产品开发周期 A	产品设计 A1	图纸设计 A11
		模具加工 A12
	样件试制定型 A2	试制 A21
		定型 A22
	工艺工装设计 A3	工艺确定 A31
		装具准备 A32
	调试期 A4	
产品开发成本 B	材料成本 B1	原料成本 B11
		辅助材料成本 B12
	人工成本 B2	设计成本 B21
		劳务成本 B22
		管理费用 B23
		财务费用 B24
	产品试制费用 B3	试机费用 B31
		废品成本 B32
	损耗 B4	
产品稳定性 C	材料规范及质量 C1	
	工作状况及质量 C2	
	批量产品质量 C3	产品合格率 C31
产品适应性 D	兼容性 D1	
	技术关联度 D2	技术支持度 D21
		技术接受度 D22

4.1.4　环境友好度评价

产品快速设计响应在中小企业导入过程中应对其环境友好度进行科学评价，即产品从生产、消费到报废的过程对于环境的污染应限制在最小范围内。从产品概念阶段到最后报废的整个持续时间内，对与产品或项目有关的资源和能源使用情况进行审查，评估和计算对环境造成的总体影响，由此评价企业产品研发、生产、消费直至废弃全过程对于环境影响的程度。

实现产品内部使用的各类生产原材料的再利用，使用各种技术从源头削减污染，减少浪费，节约资源，回收利用和加强废物管理。在产品设计和生产过程中，更多地采用可再生资源和再利用成分，提高能源效率，充分考虑产品设计及其对环境的影响。

产品开发环境友好度综合评价指标详见表 4-3。

表 4-3　产品开发环境友好度评价指标

评价项目	一级评价指标	二级评价指标
直接环境要素 A	废弃物总量 A1	副产品内部利用率 A11
		副产品外部利用率 A12
	产品生命周期 A2	部件重复使用率 A21
		标准部件率 A22
	可再生资源利用率 A3	
间接环境要素 B	人力资源利用效率 B1	管理人员比率 B11
		全员培训率 B12
	管理效率 B2	管理幅度 B21
		管理成本 B22
	原材料使用效率 B3	原材料投入产出率 B31
		副产品产出量 B32
	能源使用效率 B4	生产性能源使用率 B41
		非生产性能源使用率 B42
		替代性能源使用率 B43
	设备使用率 B5	单位设备产量 B51
		设备运行时间 B52

4.1.5　品牌竞争力评价

中小企业要改变产业价值链的低端地位，拓展生存空间，除了产品制造能力方面需要进一步提升外，还必须创建和拥有自主品牌。品牌及其价值的建立取决于企业这一创新主体的内在力量和外部环境，其核心是可持续的商业潜力即产品创新。通常用品牌竞争力，即品牌进入新的市场、占领市场并获利的能力，来评估企业品牌建设和创新之间的互动关系。产品创新是企业内部人员、信息、设备和组织等各个要素所包含的创新过程中涉及工艺创新及产品研发能力的总和，该能力是产品开发内在潜力的反映。而企业产品研发潜力向品牌竞争力的转化，必须以发展新产品的方式加以实现。因此，新产品开发是企业创新能力和品牌竞争力发展的关键，两者相互影响。品牌竞争力的形成基于公司的产品设计战略，而后者又对品牌竞争力的形成发生影响。

随着中国经济市场开放程度和市场化进程的日益深化，竞争已成为企业生存和发展的主体环境，竞争力业已成为企业生存和成长的基础和前提。尤其是我国加入 WTO 后，所有中国企业都面对国际企业竞争国内化、国内企业竞争国际化的竞争格局。品牌竞争力包含了企业在资源、能力、技术、管理、营销、人力资源等方面的综合优势，是企业处于产品同质化日益加剧的态势下，形成并实现可持续增长的动力源泉。企业核心竞争力最持久的外在表现是品牌竞争力。现代市场竞争非常充分和完全，企业不可能长久及独占核心竞争力，只有将企业的核心竞争力转化表现为品牌竞争力，企业才能稳定和可持续发展。并且，企业的核心竞争力及优秀的竞争力资源如不能转换表现为品牌竞争力，那么消费者也就很难感知。品牌竞争力不是单一能力而是一种集合能力，它是产品、企业以及外部环境等创造出的不同能力的集成组合。有学者将品牌竞争力划分为八大层次力：品牌核心力、品牌市场力、品牌忠诚力、品牌辐射力、品牌创新力、品牌生命力、品牌文化力和品牌领导力，从核心力向领导力依次延伸递进❶，如图 4-1 所示。

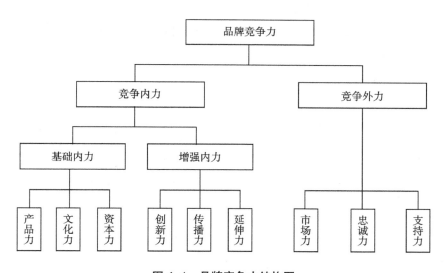

图 4-1　品牌竞争力结构图

品牌竞争力可通过品牌竞争指数反映。它是通过对多个指标检测后进行综合分析而得到的指数，综合体现了品牌目前、将来的整体竞争实力。其计算公式为：

竞争指数 = 相对市场份额 × 品牌忠诚度 × 品牌成长指数 ×100%　　　　　（4 - 1）

其中：品牌成长指数 = 某品牌的消费者份额 / 该品牌的保有率 ×100%❷　（4 - 2）

❶　（EB/OL）http://wiki.mbalib.com/wiki/%E5%93%81%E7%89%8C%E7%AB%9E%E4%BA%89%E5%8A%9B.

❷　（EB/OL）http://wiki.mbalib.com/wiki/%E5%93%81%E7%89%8C%E7%AB%9E%E4%BA%89%E6%8C%87%E6%95%0A%B0.

4.2   产品设计快速响应模式与中小企业产品开发的结合

4.2.1   设计需求和特征的分析

中小企业按照行业和产业价值链地位可大致分为：原料生产型企业、产品加工型企业、配套辅助型企业和商业销售型企业等几大类。其中，产品加工型企业和设计的关联度较高，对于设计的需求度也较高。由于行业分属和规模实力的不同，这类产品加工型企业又可分为初级加工型企业、生产型企业、生产/品牌型企业和品牌型企业等几种类型，因而其设计需求与特征存在一定的相似性和差异性。

（A）初级加工型企业：此类企业通常不直接面对终端用户或市场，而是根据工程图纸等资料进行加工或代加工生产。其生产工艺能够满足自身需要，对于产品创新设计需求度极低或几乎无此方面的需求，而是将重心置于订单获取和市场销售等方面。

（B）生产型企业：此类企业普遍具有较强的制造、加工和一定的工程配套能力，但多数企业规模实力相对较弱。具备一定的设计人员，但设计能力和创新水平较低，对于产品外观设计和结构设计具有较高的需求，且重点在结构设计方面。

（C）生产/品牌型企业：此类企业多数属于由 OEM 模式向 OBM 模式，或自主品牌战略转型的企业。具备了较大的规模与实力，正处于市场竞争的上升地位。通常拥有结构设计人员，生产能力能够满足自身需求。但产品款式趋于陈旧，同类产品竞争加剧，市场份额有下降的风险。同时由于在转型期，企业的客户资源和销售网络及渠道都处于调整状态，表现在产品开发上就是目标不明确、需求不稳定，设计需求主要集中在依据经销商要求和市场潮流，进行概念设计和外观设计。

（D）品牌型企业：此类企业具有较大的规模和实力，市场开拓和营销能力较强；注重品牌形象，可以进行较大规模的市场调研和新产品推广活动；配备有专门的产品研发部门，且具备较强的工程技术辅助能力，对产品品质能够进行有效的控制。对产品创新设计的需求度较高，从外观设计、结构设计到概念设计、样机制作都存在需要。此类企业已经经历了抄袭仿照的阶段，开始进入产品自主开发创新和品牌营销阶段。但与此同时，多数企业依然只重视外观造型，没有系统地考虑设计问题，缺乏有效的设计管理和用户需求调研，没有从企业生存和发展的全局出发，把产品研发作为提高企业核心竞争力的重要手段给予重视。

基于以上几类中小企业产品设计需求特征的描述，结合企业产品开发的现实环境，目前中小企业对于产品开发相关的技术需求主要有以下几方面。

（1）计算机辅助设计 / 制造 / 管理技术

CAD、CAM 等技术仍存在大量的和持续的需求。同时，对三维 CAD、PDM 等技术的需求增长。

（2）产品快速开发平台系统

信息化、网络化、全球化、商务电子化、现实虚拟化、无形知识产权化正成为互联网时代商业和贸易方式的主要特征。产品开发的快速响应越来越成为中小企业开拓市场和应对竞争的主要形式，尤其是对于许多处在国际市场竞争环境下的中小制造业企业而言，更加有着实际的需求。

（3）采用先进制造技术提高快速响应市场需求变化的能力

企业需要采用机电一体化等技术实现制造装备数字化，直接决定产品质量、交货期、成本等竞争要素。

通过综合评价分析可知，产品快速设计响应模式具有技术壁垒较低、开发费用和应用成本较低、对企业已有的开发技术兼容度较好以及产品开发周期短、效率高等优势，能够对以上几类中小企业的产品创新设计需求给予较好地满足。

4.2.2　知识重用需求实现分析

从目前浙江中小企业产品开发状况来看，多数企业是按照上游客户订单进行产品设计开发的，因而完全定制化的原创性设计策略和模式还无法直接满足中小企业的需求。虽然客户的产品需求不断变化，但构成产品的基本组件和模块却是相对稳定的，然而由于缺乏知识和技术为基础的管理工具，现有的产品数据管理技术（PDM）还无法很好的提取和重用产品设计知识，也难以获取、组织和再利用现有知识，无法较好地满足产品面向客户的快速设计过程对于知识重用的需求。

以机械加工制造企业为例，"据统计，按其零部件特性分类，其中约 50% 的零部件属于标准件和外购件，成本只占 10%；通用件和相似件占 40%，成本占 20%；根据顾客要求设计的特殊零部件只占 10%，成本却占了 70%；对于一般简单产品来说，半数以上的零件可在主要类型和基本类型中找到可选用或参照的模式，约 50% 以上的零件不需要重新设计"（张建勋等，2002 年）。这在 Solidworks，Pro/E，UG 等 CAD 系统中可以找到上述通用零部件数据。同时，中小企业一般都有自身积累的基于 CAD 系统的零件库和知识库，CAD 系统通常采用基于特征的设计和参数化建模，虽然有利于设计重用的实施，但却并不能提供设计重用的环境：一是设计知识查询困难；二是现有的 CAD 系统缺乏设计原理、设计意图等设计对象的快速重新组织能力和工程语义理解能力，还无法支持概念性的设计。产品设计快速响应模式基于产品已有零部件信息，构建产品知识链接和产品结构与工程语义的映射关系并管理产品模型数据。在中小企业现有的 CAD 平台基础上，在进行产品前期设计时，在 CAD 产品零部件或组件知识库中提取所需数据，经虚拟装配仿真满足结构要求，得到新的设计结果，实现通过低层次的产品知识重用，满足企业对产品快速设计迫切和现实的需求。

4.3　本章小结

通过可行性、产品开发绩效、响应度、环境友好度及产品品牌竞争力形成等方面指标的评价体系，综合反映和衡量产品设计快速响应模式在中小企业的导入前景。产品设计快速响应模式本质上是一种设计过程的优化，是对现有设计方法与技术的优化整合，而对高精尖的技术研发较少涉及，对于技术创新能力较弱的中小企业来说，基本无须从无到有的新技术开发，因而可以有效减轻企业的技术开发和资金投入压力；同时，由于该模式的应用所带来的产品设计周期的缩短，也使企业的产品设计成本和市场营销风险降低，因此，具有较高的技术可获得性和较低的开发与应用成本。

其次，通过对中小企业中不同类型企业产品设计需求特征的分析，进一步论证了产品设计快速响应模式在中小企业应用的可行性，低层次产品知识重用体系的构建对于传统 CAD 系统在知识重用方面的重要作用，以及实现设计快速响应的意义。

第 5 章
基于流程优化的产品设计快速响应
模式应用评价

现代企业市场竞争能力的根源和基础在于产品设计水平的高低和设计更新的周期与效率，并关系到企业的生存和远期发展。产品设计快速响应模式作为中小企业提升产业价值链地位，提高产品设计创新水平和企业核心价值，并进而形成品牌竞争力的有效途径之一，具有缩短设计周期和提高设计效率两方面的作用。同时也应该看到，该模式绝对不是一种万能法则，而同样有其自身的适应性，必须根据中小企业的实际情况进行有针对性的应用。

5.1 应用主体分析

应用主体在此具有三方面的含义：一是主体的核心应用单位，二是主体的多元化，三是主体的创新动力。

5.1.1 加工制造型中小企业是核心应用主体

产品加工制造类企业在浙江中小企业中的占比较大。由于产业结构和行业分布的特点，这类企业对于产品设计和技术创新有迫切的需求，包括品牌自立也有萌芽和概念性的认识，但在现实的企业发展过程中，往往由于规模和资金的限制，导致认识上的误区和行动上的异化。产品同质化使利润摊薄，价格竞争便成为企业生存的主导性和惯性思维：重视在设备上的投资和加工制造能力的扩张，而对于创新能力，如产品设计与开发等的投入相对非常薄弱，对其所带来的附加价值、企业核心竞争力以及品牌优势形成的重要意义缺乏足够的认识。在产品创新的实现方式上产生两极分化的倾向：或者不顾企业自身的实际需求，盲目追求完全的原创设计；或者急功近利地模仿、移植甚至抄袭，完全没有自主创新的成分。忽视了改良型设计才是中小企业产品设计需求最主要的方面，也是最需要加强的方面。

产品设计快速响应模式正是针对这类中小企业产品设计的工具性需求而提出的系统解

决方法，以其相对较低的技术门槛和费用，有效地平衡了企业技术、资金的不足与设计需求之间的矛盾。因此，这类中小企业应是该模式的核心应用主体。

5.1.2 应用主体的多元支撑

随着世界范围内经济发展增速放缓，以及贸易保护主义对于实体经济深层次影响的逐步显现，国内经济的发展在经历持续性的高速增长后，开始进入滞缓和调整时期。许多企业，尤其是处于产业链低端的中小制造业企业的生存空间受到了严重挤压，面临严峻的形势。中国经济已越来越广泛地融入全球经济发展的格局之中，事实表明，在信息资源共享和竞争全球化时代，地方和区域经济，甚至单个企业的发展都越来越受到全球经济形势的变化和产业结构波动、调整的影响。

浙江中小企业以加工制造为主要产业特征，发挥自身的原材料和劳动力优势，通过产品创新和市场营销达到企业利益和价值的最大化，并取得经济和社会效益的共同增长。因此，产品创新成为企业在市场竞争中赖以生存的重要砝码。现代工业的发展使技术和设计的竞争时间间隔日趋缩短，通过产品设计更紧密地联系企业、市场，产品具备优良的技术性能、合理的内部结构、新颖的外观形态，并降低生产成本，提升文化内涵，企业既创造了利润，同时也促进了市场的健康发展。

浙江的产业特点是各类产业集群化和专业化程度较高，加工制造型企业是其中的大部分。知识和技术往往密集在集群中规模和实力较大的企业，同时它们也是区域技术创新和扩散的发源地。其所在区域经济结构和产业结构因企业的发展壮大而调整、升级，而区域经济的发展则是推动浙江经济发展的重要因素，不仅提高了企业的产品竞争力，也形成了区域品牌，提高了产品附加值，不仅在产品和技术方面，而且在品牌方面提升了浙江经济的综合竞争力（图5-1）。

图5-1 中小企业创新与区域经济关联性

因此，从浙江中小企业的产业发展过程中可以得到启示，产品创新设计可以增强企业核心竞争力，推动行业发展并最终提升区域经济竞争实力。产品价值中除了材料等有形的实体价值外，无形的附加价值所占的比重也日益增大，包括技术、设计、售后服务及文化等。这应当成为各级政府及当地企业的共识。同质化的产品，通过差异化的设计可能产生完全不同的利润额，因此，重视产品创新设计对企业和区域经济的发展具有现实意义。只有不断强化产品创新设计，采取相应的竞争策略，才有可能在激烈的市场竞争中赢得生存和发展的机遇和空间，而产品设计快速响应模式的导入是产品创新的有效途径，并将对此产生重大的促进作用，因而各级地方政府及其引领下的相关科研机构、地方高校、行业关联体等也都将成为引导和推动该模式应用的政策主体和支撑因素。

5.2 应用成本分析

产品成本构成从管理学角度分析，可区分为生产成本、设计成本和管理决策成本等几方面。多数中小企业规模较小，无法获得最佳的规模效益，人均产值较低。同时，传统的产品设计模式设计效率低、设计周期长，加之在设计、生产过程中管理不到位，往往造成单位产品设计及管理费用较高。由于设计过程处于成本控制的较高层次，决定了企业后续生产过程的成本控制，因而设计过程成本的增加往往造成产品总成本的增加。

产品设计快速响应模式的应用可以在以下几方面促进中小企业产品设计的成本控制和管理：

（A）通过已有产品的知识重用和模块化设计方法，既保证了设计的先进性，又使产品的工艺和技术要求不致超出企业现实的生产技术水平；

（B）设计过程的知识重用体系提升了设计的可靠性和一次成功率，提高原材料的利用率，降低后期生产加工环节的废品率，保证了生产的经济性；

（C）在设计流程中保留和继承原有的产品的先进性与合理性，避免了完全重新设计所带来的成本和周期的增加；同时，可重复利用原有工艺装备，降低了折旧成本。

5.2.1 提高产品前期设计准确度和单次成功率

基于产品设计快速响应模式的平台系统以数字化处理获取产品三维建模的主要参数，利用虚拟产品 CAD，经过设计方及客户通过远程网络对所设计的产品虚拟数字模型进行协同修正并定型后，再利用 CAM 及 RP 系统重组模型参数并生成实体模具，采集的数据经智能处理形成产品数据信息库等。与传统产品设计开发模式相比，克服和避免了以下弊端：

（A）传统设计流程产生的往返沟通所导致的大量劳务与时间成本；

（B）由于人工操作以及倚重个人经验的自身局限性所导致的产品设计误差；

（C）由于人工操作的数据测量、设计以及在各设计环节之间无法实现数字化关系和数字化处理的天然局限性所导致的模型放样难以精确化、自动化和高效化；

（D）实体模型需多次反复与修改才能达到设计要求，导致设计周期较长。

5.2.2   缩短产品开发周期并降低时间成本

目前的单体产品 CAD 技术还不能很好地在网上进行传输、不能满足个性化设计要求。本系统通过建立产品开发数据库并与互联网对接，实现客户与专业设计公司或设计师工作平台的实时交流。凭借先进的网络协同技术和网络传输能力，客户可以直接通过网络来审查或参与每次的产品设计修改，实现产品开发在网络互动环境下数据共享的远程快速响应，大幅度减少现实的人员往返交流，极大地提高产品开发效率，缩短了产品开发周期并降低时间成本。

5.3   利益驱动分析

产品设计快速响应模式在中小企业中的导入，其实质是对企业现存的创新机制的改造和更新。利益是这一运作过程中重要的驱动因子，即企业通过应用该创新方法所产生的直接和间接经济效益，在企业生产经营收益中所占的比重及其分配机制和内部激励机制。它们直接制约着企业的创新行为，因为企业创新的目的在于取得最佳的经济效益，并且希望经营活动中的各种要素最终都转化为企业的收益。当某种要素能够创造经济效益时，企业才会因有利可图而加以应用，才有创新的冲动；其次，企业中的个人主体参与创新的目的也在于试图实现个人利益最大化，而创新应用所带来的收益的分配以及内部激励机制也就势必对个人主体创新积极性产生影响，进而影响企业的创新行为。

通过完善产品设计快速响应系统（图 5-2），可以在以下方面为中小企业的产品开发与生产经营带来效益。

（1）提高企业的应变能力

产品设计快速响应系统的应用将使产品开发速度加快，开发周期缩短，企业能够不断推出新产品更好地应对快速变化的市场需求，实现对市场的快速响应；可以及时制订和调整营销计划，并安排指导生产，缩短交货期。可以提高企业生产过程中的管理水平，如生产计划安排更加合理，生产调度更加灵活，及时地跟踪与控制生产进度。可以智能化处理、远程化服务与电子商务应用采集的数据，如用户可以通过系统选择所中意的产品款式，甚至通过远程 CRM 系统来下达订单。同时，通过快速预测订单成本、加快企业信息处理速度、为决策提供综合分析等，能够使企业决策更加及时、迅速、科学，对快速变化的市场做出及时、正确的响应。

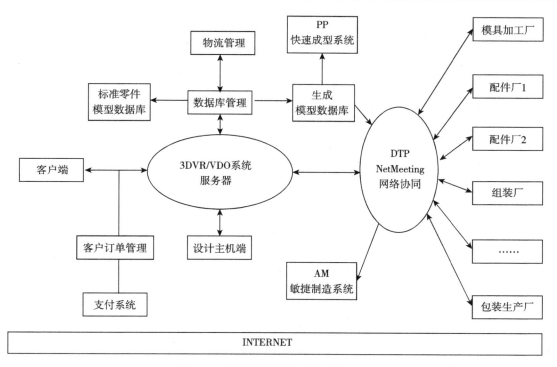

图 5-2　产品设计快速响应系统略图

（2）降低企业资金占用

产品设计快速响应系统的应用将提高中小企业生产和管理信息化程度。信息化管理能够对企业原料、成品、半制品、机物料等进行科学管理，使企业库存保持在一个合理的水平，减少库存资金的占用。

（3）提高产品质量并降低生产成本

企业通过信息化管理能够对生产过程进行有效地跟踪和监控，及时了解产品在生产过程中的质量状况，对生产中出现的质量问题进行报警、反馈和及时的处理，从而保证了产品的质量，降低了成本。

（4）提高客户满意度和企业品牌美誉度

运用电子商务的多功能性进行供应商协同和客户联系；通过多种销售渠道和合理的市场竞争提供优质服务以确保客户忠诚度，提升企业品牌知名度；增强设计、生产效率，提高对客户的响应速度。

（5）保护企业原有研发投资

由于产品设计快速响应系统是建立在已有的成熟产品设计技术上的集成应用，较少涉及高精尖领域技术，因而对于广大的中小企业而言，系统建设的成本相对较低，风险可控；

同时，具有分步实施的可行性，使企业能够逐步适应产品开发模式革新所带来的管理信息化变革。

5.4　行业适用性分析

随着市场竞争从单一价格竞争向价值竞争转变，以及企业发展的外部经济因素不确定性的增大，许多中小企业开始意识到产品创新是提升企业核心竞争力的关键因素，并依据自身经营特点与态势，选择不同的产品创新与设计策略。

（1）生产/品牌初创型企业对产品设计需求旺盛，但自身规模又制约了其独立拥有较高设计水准的设计部门的能力，因而多数企业采取委托设计的模式，即企业制定产品开发设计规划，然后委托专业设计机构进行系统设计，以较低的费用获得较高质量的设计方案，并且还可以选择与不同的设计公司进行合作。

（2）品牌企业则大多选择自组设计部门，自行开发设计新产品。因具体情况的不同，此类企业在导入产品创新模式上也存在着不同的适应性。

（3）不同产业归属的企业由于其本身的生产方式和规模等级等存在很大的差异，如化妆品制造企业和服装企业，因而，对于产品创新设计模式就有不同的要求及预期。

（4）企业创始人或负责人的能力及创新意识也对产品创新设计模式的应用过程与结果带来不同的效果和评价。即若企业创始人或负责人有较强的危机意识和创新求变意识，则对产品创新的新理念与新模式就会给予较多的关注，对于其在本企业的应用也会相应给予较大的支持，其应用效果则相对较好；反之，应用的难度就会增加，而效果则无法达到预期甚至产生负面评价。

5.5　其他相关因素的评价

（1）社会整体设计意识的提升对产品设计的现实影响

现代产品设计是科技、艺术、经济、社会的有机统一的创造活动，是现代意识与现代心理的物化产物。设计意识已越来越多地从个人意识向社会意识转化，而只有对设计的渴求表现为社会意识时，设计活动才会被认可与重视，才能为产品设计提供坚实的社会与人文基础。

（2）新经济时代对产品设计的影响

在知识经济时代，如何开发新产品，并使产品更易被消费者接受是企业的出发点，产品设计是将产品开发与艺术创造相结合，将市场竞争与消费者心理相结合，将品牌形象与企业发展相结合，解决产品与人、产品与市场、产品与企业之间一系列关系的综合学科。因此，产品设计必然也必须从系统工程的角度，全方位地整合产品、营销、品牌等相关因素。

（3）现代制造业和产品设计信息化及虚拟化比重增加的影响

目前，国际上先进制造型企业已完成了产品设计和制造的信息化改造，全部采用 CAD 进行产品设计和计算机管理。信息化已彻底改变了传统的业务流程和工作方法，因此，产品设计和制造的信息化将是 21 世纪制造业发展的重要趋势。作为这一趋势和影响的风向标，世界经济论坛组织（WEF）和麦肯锡咨询公司共同遴选数字化制造和全球化 4.0 的示范企业，进入全球顶级最先进制造业网络（Lighthouse Network，灯塔工厂），作为先进制造的全球表率，目前全球共 54 家（2020.9）。虚拟设计制造系统则是运用仿真工具、控制工具、信息模型和设备以及组织方法等建立一种虚拟环境，全面模拟和仿真产品设计和生产制造活动，以达到产品开发和生产周期最短、成本最低、质量最佳的效果，在产品设计模式的构建与评价中必须考虑这些变化因素。

（4）消费文化的转变对产品设计的影响

①从传统型消费转向现代型消费；

②从温饱型消费转向小康型消费；

③从生活型消费转向社会型消费。

上述消费文化的转变，给产品设计领域带来了巨大的市场，也产生了巨大影响。

5.6　本章小结

本章从应用主体、成本、利益驱动、行业适用性及社会因素等方面对产品设计快速响应模式在中小企业中应用的相关因素进行了初步的分析和评价。中小企业中产品加工制造类企业占比较大，由于产业结构和行业分布的特点，这类企业对于产品设计和技术创新有迫切的需求，是产品设计快速响应模式的核心应用主体；产品创新设计可以增强企业核心竞争力，推动行业发展并最终提升区域经济竞争实力，导入产品设计快速响应模式是产品创新的有效途径，将会对此产生重大的促进作用，因而各级地方政府及其相关利益主体是该模式应用的政策主体和支撑因素；通过设计过程的知识重用和模块化方法，产品设计快速响应模式可以有效改善中小企业产品设计的成本控制和管理；中小企业导入该模式的重要驱动因素是利益分配以及内部激励机制；同时，对于不同行业的中小企业而言，产品设计快速响应模式也有其行业适用性，必须依据企业自身实际加以选择应用。

第6章
基于流程优化的产品设计快速
响应模式实证

6.1 实证案例简介

日用化工行业是浙东南地区工业产业的重要组成部分，大批中小企业是该行业的主导力量。受行业辐射的影响，逐渐形成了一批日化行业配套产品生产厂。其中，日用化学品容器及包装产品的市场需求旺盛，凭借原有的区位优势和低成本优势，在竞争激烈的市场上占有了一定份额，但随着竞争的进一步加剧以及日化产品更新换代的加速，以往传统的产品开发和生产模式已经无法满足市场需求日益快速的变化，快速响应能力成为应对的有效手段。

香水瓶壳体包装作为香水类产品的必不可少的组成部分，在日化容器产品中使用广、品种多、设计更新快、是一种典型的中小企业产品。在香水瓶壳体包装的设计、生产过程中，要涉及客户、设计公司、模具开发厂商、生产厂商（包括瓶体、瓶盖、压力喷头组件以及包装材料厂家）等，所以其过程又是一个典型的多方协同过程。根据前述研究思路，课题组开发了产品设计快速响应平台模拟程序(V.201811),并结合某一规格的香水瓶壳体包装的研发，进行了平台的远程网络协同设计和产品试制，并通过多次的企业实地调研对产品设计快速响应模式给予了初步的验证。

6.1.1 产品设计的快速响应机制及实施架构

首先确定香水瓶壳体包装设计项目合作单位。客户 A 将某款型号的香水瓶壳体包装设计任务委托给产品设计公司 B，双方就设计要求等经过前期沟通后，设计公司 B 同时选择相应的模具试制厂商 C、配套部件制造厂商 D、E 等及产品组装厂商 H、包装生产厂商 J 等作为下游合作企业，确立多边业务合作关系。上述成员共同构成本产品设计快速响应系统的应用及资源共享主体。在此后的设计及试制过程中，各方将通过网络化的协同平台共同参与讨论、设计修改及审核等环节。

其次设定项目成员及系统权限。产品设计公司 B 成立项目开发组，确定设计人员并设定项目管理员、系统模型库管理员及其他各方的参与人员等。项目管理员根据成员的角色分工分别赋予各个成员在产品设计快速响应系统中不同的权限，各成员根据各自权限可以参与设计协同过程，并共享设计资源（图 6-1）。

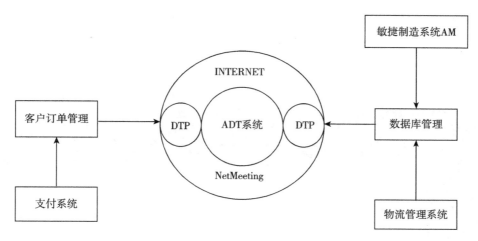

图 6-1　产品设计快速响应实施模块图

项目管理员（Administrator）：根据成员的角色分工分别赋予各个成员在产品设计快速响应系统中不同的权限，并可对系统进行配置。

客户 A（User1）：全程参与，具有高级用户权限，可访问模型组件库、生成模型数据库等设计系统核心数据库。

产品设计公司 B（User2）：全程参与，具有管理员权限，可访问 3DVR 系统及标准组件库、生成模型数据库等设计系统核心数据库。同时具备数据库更改、客户订单及物流管理权限。

模具厂商 C（User3，下同）：全程参与，但为普通级用户权限，可访问生成模型数据库、RP 数据库等。

配件制造厂商 D、E 等：中后期参与，普通级用户权限，可访问生成模型数据库、RP 数据库、AM 系统数据库等。

产品组装厂商 H：中后期参与，普通级用户权限，可访问生成模型数据库、RP 数据库、AM 系统数据库等。

其他协作单位：中后期参与，普通级用户权限，可访问生成模型数据库、RP 数据库、AM 系统数据库等。

6.1.2 产品设计快速响应系统流程

（1）设计意图与设计需求沟通

项目组设计人员根据客户要求及市场调研，给出香水瓶壳体包装的初步设计方案，通过系统提供的文字、图像、语音、视频等交流方式，将设计草图和客户共享，并就方案展开研讨，针对外观、结构、材料等设计事宜进行协商，设计人员根据客户意见实时修改设计草图，客户通过网络协同可实时观看修改结果，最后初步确定设计的总体方案。基于系统的交流如图 6-2 所示。

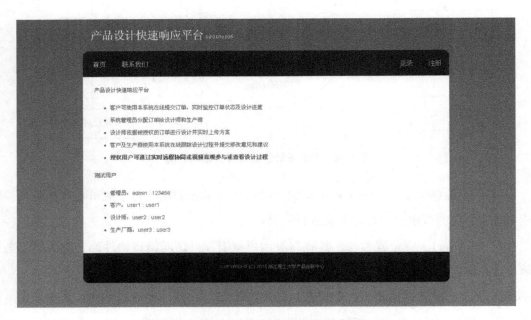

图 6-2　产品设计快速响应异地共享协同平台

（2）设计方案多方联机会审

设计公司通过系统平台发布设计方案，客户单位、模具加工企业及配件生产厂商所属项目组成员通过远程会议工具共享系统数据库，会同设计公司对设计方案进行多方联机会审，使各方对设计要求、设计目标、质量标准等深入了解和交换意见。在此过程中，除设计公司外，其余各方项目组成员可依据各自权限登录系统平台浏览设计草图，并通过系统的提供的文字、语音、视频等交流方式，对方案提出进一步完善意见，如图 6-3 所示。

（3）产品模型异地实时协同设计

设计公司设计人员依据上述详细设计标准，使用 CAD 工具如 SolidWorks、Pro/E 等设计生成初步的 3D 产品模型。通过导入系统共享协同平台进行 VR 仿真，并联机远程会议工具，设计人员与客户方项目组成员、模具加工方项目组成员，并可邀请专业 CAE 分析员加入，就模型结构的应力变化、加工关键点等各方进行远程实时异地协同设计操作。最终得到新的产品设计模型。

图 6-3　产品设计效果图浏览视图

由设计公司设计人员 01 作为异地协同设计发起人，在系统本地主机端，通过调用系统应用程序或者本地应用程序服务器来打开 SolidWorks、Pro/E 等软件设计程序中的香水瓶壳体 3D 模型。通过协同工具中的共享程序，将 SolidWorks、Pro/E 等软件设计平台提供给客户方项目组成员 02、模具加工方项目组成员 03、CAE 分析员 04 共享，展开协同设计，如图 6-4 所示。

客户方项目组成员 02、模具加工方项目组成员 03、CAE 分析员 04 在客户端可实时共享到设计公司设计员 01 提供的在 Solid Works、Pro/E 等设计平台下的 3D 模型，如图 6-5 所示。

客户方项目组成员 02 申请得到设计公司设计员 01 授权，获得使用 SolidWorks、Pro/E 等设计平台的权限，可以对模型进行修改操作。该操作也同样适用于模具加工方项目组成员 03，如图 6-6 和图 6-7 所示。

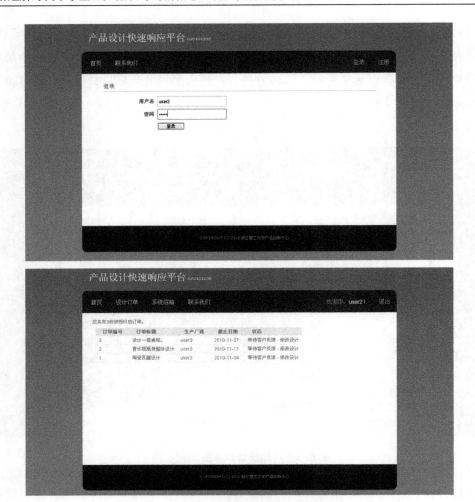

图 6-4 远程实时协同会议开始界面

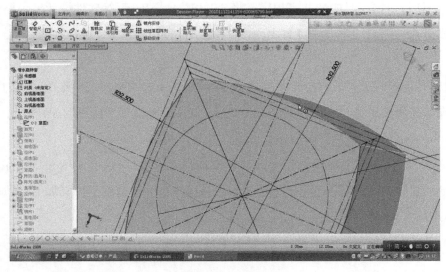

图 6-5 客户方项目组成员 02、模具加工方项目组成员 03、CAE 分析员 04 共享视图

图 6-6　设计公司设计员 01 授权界面

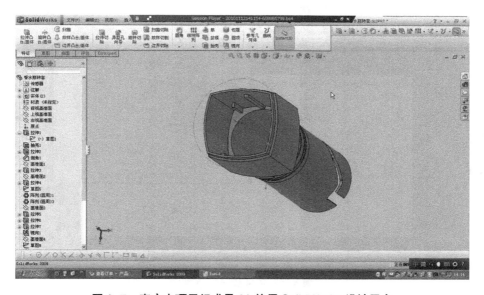

图 6-7　客户方项目组成员 02 使用 SolidWorks 设计平台

　　设计公司设计员 01、模具加工方项目组成员 03、CAE 分析员 04 同时在客户端可实时共享到客户方项目组成员 02 修改的 3D 模型，如图 6-8 所示。

　　在本轮实时远程协同修改结束后，各方退出实时程序。设计公司设计员 01 可通过远程共享电子白板、音频、视频等协同辅助工具将修改结果上传至系统，客户方项目组成员 02 和模具加工方项目组成员 03 等可以通过订单管理模块进行预览，如图 6-9 所示。

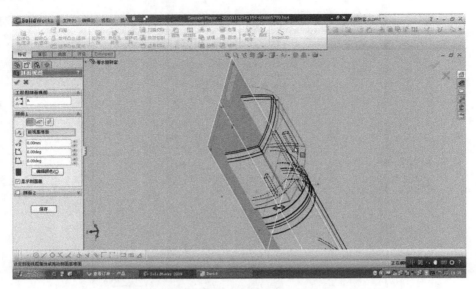

图 6-8 设计公司设计员 01、模具加工方项目组成员 03、CAE 分析员 04 共享视图

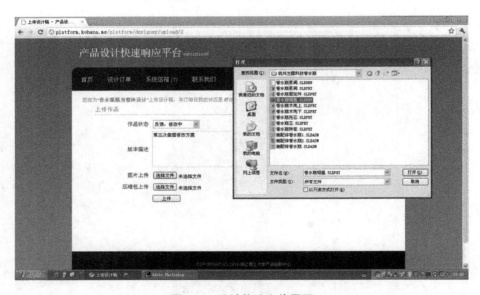

图 6-9 设计修改上传界面

（4）产品 3D 模型数据工程图纸输出及实体模具成型

经协同设计修改，最终定型的香水瓶 3D 模型存入数据库。图形管理员对该模型进行数据转换，并输出工程图纸文件，存入数据库。模具加工方项目组成员 03 通过读取数据库内该工程图纸文件，可以查阅到模型详细参数。通过 RP 系统制作实体模具。

各角色的任务进度统一由项目管理员来进行监控，将图形数据的结果传输给图形管理人员，由图形管理员进行存档管理。至此，香水瓶壳体包装设计快速响应流程基本完成。

上述产品设计快速响应平台的应用情况也分别在承制单位和设计委托单位进行了实地调研（图 6-10 ～图 6-14）。

图 6-10　产品内件制造方加工现场调研

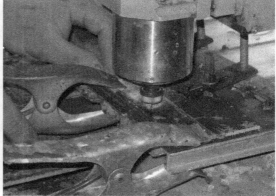

图 6-11　产品木模制造方加工现场调研

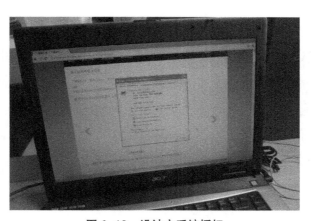

图 6-12　设计方系统授权

图 6–13   客户方登录系统实时协同

图 6–14   香水瓶壳体包装实物样品

6.2   本章小结

本章根据产品设计快速响应模式的功能要求，构建了系统共享协同平台的有关流程，详细介绍了主要模块的构建原理和交互功能，给出了数据共享和实时远程设计协同的具体方法。通过香水瓶壳体包装的远程协同设计对产品设计快速响应模式与传统产品设计模式在开发成本及周期上进行了对比验证（表 6–1 ～表 6–3）。

表 6-1　产品模具加工成本对照表

项　目		传统加工模式①（元）	快速响应模式②（元）	备　注
制造成本				
1．原料	A 塑料粒子	175.00	70.00	
	B 铝板	275.00	110.00	
	C 加工木材	225.00	90.00	
2．辅料		400.00	160.00	冷却液、润滑剂、消光剂
3．包装用料		150.00	60.00	
4．损耗		250.00	100.00	
5．工时费		10800.00	3360.00	① 360 小时　② 280 小时
6．折旧费		187.20	74.88	按年折旧 100000 元
7．检修费		120.00	35.00	
8．水电费		49.00	19.60	
9．运输费		150.00	50.00	
10．包装费		35.00	35.00	
管理成本				
11．差旅费用		1200.00	120.00	① 20 次 / 年　② 2 次 / 年
12．管理费用		750.00	750.00	按 72000 元 / 年
13．其他费用		50.00	50.00	
合计		14816.20	5084.48	
时间成本				
14．加工周期		45	35	天

注：① 5 套，修改 5 次定型；② 2 套，修改 2 次定型。工时费标准：6 元 / 小时

（资料来源：承制单位）

表 6-2　传统产品设计模式开发成本及周期

内　容	计划完成时间（天）	实际完成时间（天）
产品试制计划		
产品图纸设计	10	10
样件试制并定型	40	45
工艺工装设计	5	5
生产准备调试	3	3
产品试制费用		

续表

项　目	第一期（元）	第二期（元）	第三期（元）	备　注
调研费	3000	—	—	
材料费	3000	—	—	
设备费	10000	—	—	
模具费	—	15000	—	
样机制作费	—	—	500	
试机费用	—	—	500	
其　他	—	—	—	
合　计	16000	15000	1000	
总　计		32000		

（资料来源：委托单位、承制单位）

表6-3　产品设计快速响应模式开发成本及周期

产品试制计划

内　容	计划完成时间（天）	实际完成时间（天）
产品图纸设计	10	6
样件试制并定型	40	35
工艺工装设计	5	5
生产准备调试	3	3

产品试制费用

项　目	第一期（元）	第二期（元）	第三期（元）	备　注
调研费	3000	—	—	
材料费	2300	—	—	
设备费	10000	—	—	
模具费	—	5000	—	
样机制作费	—	—	300	
试机费用	—	—	500	
其　他	—	—	—	
合　计	15300	5000	800	
总　计		21100		

（资料来源：委托单位、承制单位）

由上述比较可知，在相似的产品开发要求下，产品设计快速响应模式平均产品开发时间为49天，比传统模式减少14天；周期缩短约28.6%；产品开发综合成本约为2.11万元，比传统模式减少约 1.09 万元，成本节省约 34.1%。

同时，从中小企业的技术现状出发，上述产品设计快速响应模式采用了基于网络的开放架构平台，可以在企业现有办公系统和网络环境下运行，不存在二次开发的技术难度和大量的资金投入，适合在中小企业，特别是具有广泛的异地协作特征的区域性中小企业推广应用；其次，系统采用多用户分级分时授权的模块化管理，解决了不同用户的使用需求，并有效地保护了用户的商业机密。

第7章
结论与展望

7.1 结论

产品设计快速响应模式不仅是提供先进的产品设计技术的集成与流程优化的平台，同时也是包含人才整合、设计资源、材料信息、制造工艺及小批量试制等资源优势的平台，是适合中小企业实现产出效率更高、成本更具竞争力的现实和有效的产品创新途径。

这一产品创新新模式将原有的"来样"加工模式转变为由客户提供设计意图，企业提供设计、模型、样机的"来意"产品设计＋制造模式，通过设计流程优化，不但延伸了加工链的长度，增加附加值，同时也提高了中小企业的设计与制造水平，并使产品开发实现了在网络互动环境下共享资源的快速响应，有效地缩短企业产品开发周期，降低开发成本，更好地应对新经济时代快速变化的市场需求，实现对市场的快速响应和设计迭代。它的推广将对中小企业的产品开发、生产经营管理信息化水平起到积极的促进作用，并逐步成为产品开发大数据服务平台，既为政府的决策提供专业建议，起到"智库"的作用，也为企业和设计师提供政策导向、市场和技术信息；同时，融合各类高端资源为创建企业品牌服务。因此，产品设计快速响应模式既有现实的需求性，又有广阔的应用前景，能够产生良好的经济效益和社会效益。此外，产品设计快速响应模式的推广还有望带来以下效果。

（1）发挥行业示范和导向作用，带动中小企业产品研发水平的提升

发挥行业发展示范和导向作用，带动行业整体科技水平的提高；可以减少中小企业研发资金投入的压力；根据客户委托，提供设计前期系列服务，快速应对多变的市场，从而提升中小企业产品竞争力。

（2）为中小企业品牌建构和产业链发展服务

依托产品设计快速响应模式在研发设计、快速化模具成型、展示、发布等方面的集成功能，为企业提供品牌建构的产品基础支持；开展多领域的交流与合作，带动周边企业及原材料加工、设备、能源等相关产业的共同发展。

（3）发挥大数据交互服务平台的作用

为相关企业提供大数据支持与服务，使企业在第一时间接触最新的产品创新和流行趋势，使设计师更多的接触国外产品先进设计理念和制造工艺。

（4）发挥资源平台的整合作用

通过该模式充分发挥平台作用，利用丰富的人才资源和企业的实践机会，为行业为企业发现培育人才；同时积极为产品设计人员提供多种服务，引进国际先进的产品设计理念，推动工业设计产业的发展。

7.2 研究展望与思考

产品设计快速响应模式的推广应用，将为行业创新发展、引入先进的产品设计和工程技术等方面发挥导向作用，是提高中小企业整体产品创新水平，实现新经济时代传统产业向先进制造业的跨越，提升产品竞争力和行业核心竞争力，推进产业结构战略性调整，保持持续稳定发展的有效途径。

（1）以先进设计技术推广应用为重点，提高中小企业数字化管理水平

运用网络计算机辅助设计（NAD）、网络协同技术、虚拟现实技术等先进设计技术提高设计过程自动化、智能化及信息化水平，提高设计、生产效率和产品质量；实现生产过程的自动化和最优化，发展中小企业信息管理系统技术，实现实时管理与数据共享，提高数字化管理水平。

（2）以先进制造技术应用为重点，推进制造领域的优质高效生产

发展数据控制技术，研究提升设备的自动化水平；发展计算机辅助设计与辅助制造技术，提高制造自动化、集成化水平；发展与应用综合自动化技术；研究开发新工艺，推广新型制造技术，提高制造效率和产品质量。

（3）以品牌营销和整合营销为重点，促进中小企业转型升级

围绕产业结构升级，提高行业主导产品的研制水平，加强产品质量控制，促进产品的升级换代；提高和改善产品可靠性和质量，通过设计、生产、服务的品牌营销和整合营销形成企业的品牌知名度。

在产品设计快速响应模式的应用过程中，以下几方面的问题尚待进一步研究和解决。

（1）产品跨系统数据交换平台❶

在目前的产品开发系统中有各种专业的应用软件有：设计类软件（Design CAD），工艺类软件（Technical CAD），生产类软件（Manufacture CAM），整合类软件（Integrated CIM），管理类软件（Management MIS/ERP）。

这几类系统在正常使用中容易形成各自独立运作的信息孤岛，必须构建统一的信息交流平台，实现真正的数据共享、信息共享。建立产品设计跨系统数据交换平台，不仅对中小企业产品设计具有特别重要的意义，而且会带来中小企业产品创新水平大跨度的飞跃。

（2）大数据系统

大数据（Big Data）包括结构化、半结构化和非结构化数据，非结构化数据越来越成为数据的主要部分。据IDC的调查报告显示：企业中80%的数据都是非结构化数据，这些数据每年都按60%的指数增长。在以云计算为代表的技术创新支持下，大数据会逐步创造更多的价值。❷

大数据的价值体现在：对大量消费者提供产品或服务的企业可以利用大数据进行精准营销；做"小而美"模式的中小微企业可以利用大数据做服务转型，面临互联网压力之下必须转型的传统企业可以充分利用大数据的价值三个方面❸。

（3）云计算系统

云计算（Cloud Computing）是分布式计算的一种，指的是通过网络"云"将巨大的数据计算处理程序分解成无数个小程序，然后，通过多部服务器组成的系统进行处理和分析这些小程序得到结果并返回给用户。云计算早期，简单地说，就是简单的分布式计算，解决任务分发，并进行计算结果的合并。因而，云计算又称网格计算。通过这项技术，可以在很短的时间内（几秒钟）完成对数以万计的数据的处理，从而达到强大的网络服务。现阶段所说的云服务已经不仅是一种分布式计算，而是分布式计算、效用计算、负载均衡、并行计算、网络存储、热备份冗杂和虚拟化等计算机技术混合演进并跃升的结果。❹

（4）区块链系统

区块链（Blockchain）因其具有去中心化、不可篡改、全程留痕、可以追溯、集体维护、公开透明等特点，为创造信任奠定了基础。未来，区块链技术将在企业产品研发过程中的知

---

❶ 周伟，陈小安，合烨，罗天洪.基于ECA规则的网络协同设计动态数据交换技术研究，计算机应用研究，Vol.25, No.4, 2008.

❷ 大数据究竟是什么？一篇文章让你认识并读懂大数据.中国大数据，2015-10-29.

❸ 大数据对企业重要性.中国大数据，2016-3-15.

❹ 许子明，田杨锋.云计算的发展历史及其应用.信息记录材料，2018, 19（8）：66-67.

识产权保护方面发挥重要作用。知识产权在国际竞争中发挥着越来越重要的作用，能够有效保护发明和创新者的利益，在商业化过程中帮助企业形成知识壁垒，增加行业竞争力。可以运用区块链进行版权保护，降低维权成本。实现技术成果交易服务的真实可信、安全可靠、高效智能，提升交易信息透明度，减少交易摩擦与风险，维护交易各参与方利益，提升技术成果交易从业人员积极性，帮助更多企业获取最新技术成果并加速其市场化进程。利用区块链技术，还可以对企业自主知识产权的原创设计进行实时上链确权，并提供高效、便捷、低成本的维权保护。❶

（5）远程 CRM 管理系统

依托大数据和区块链技术，建立安全、迅速的远程客户关系管理系统，在以下几方面实现数据安全、高效交换。

①产品研发信息

客户可以通过系统提交产品的设计、工艺要求，或者将信息存放在该平台上，以便设计师能在不同地域都可以获取产品的设计信息进行设计工作。

②产品报价信息

可以通过该系统将各个产品的报价情况反馈至各个客户，客户也可以直接在该平台上对报价进行确认动作，以达成最终订单的签订。

③订单生产进度的跟踪、反馈

系统可以自动采集各个订单的采购、生产数据进行汇总，然后将数据放置该平台上，以便客户能随时来察看订单的进度并反馈意见。

④产品的接收情况反馈

客户在接收到产品之后可以及时地将接收情况以及验收意见通过该系统反馈给企业。

⑤原料采购控制

在系统开立采购合同之后可以直接将采购合同放置该平台上，并对各个供应商下达采购订单。各个供应商也可以直接通过该平台来接收采购合同并及时供货。

⑥财务信息的传递

可以通过系统生成各项应收、应付款的记录，然后可以直接传递给各个供应商和客户，客户和供应商也可以生成自己的款项内容通过平台来传递，双方有了金额上的交易之后可以及时将信息传递给对方，甚至可能实现网上直接划账的交易方式。

---

⑦客户关系数据分析

系统将提供数据查询、交换的平台，真正实现企业内部信息网络与外部网络的紧密连接，以便企业和客户能在该平台上进行信息的交流。

参考文献

［1］浙江省人民政府关于加快工业创新推动制造大省向创造强省跨越的若干意见 浙政发〔2008〕1号

［2］彭吉象. 艺术学概论 [M]. 北京：高等教育出版社，2003.

［3］卡尔.T.犹里齐，斯蒂芬.D.埃平格. 产品设计与开发 [M]. 杨德林，主译. 大连：东北财经大学出版社，2001.

［4］张玉玲. 迎接"文化经济"时代的到来 [N/OL]. 光明日报，2006－5－15.

［5］李新家. 关于文化经济的几个理论问题 [J]. 新华文摘，2006（8）.

［6］谢石南. "文化经济"发展论 [J]. 学术研究，2006（10）.

［7］汤重熹. 当代设计的新观念——多元化拓展的英国工业设计 [J]. 包装工程，2002，1（3）.

［8］李轶南. 多专业整合及以用户为核心设计创新的当代美国工业设计 [J]. 艺术百家，2006（4）.

［9］李轶南. 论计算机技术对美国当代产品和产品设计教育的影响 [J]. 南京艺术学院学报美术与设计版，2007（1）.

［10］朱和平，朱小尧. 日本现代设计的发展及特征 [J]. 河南科技大学学报（社会科学版），2007，25（2）.

［11］吴佩平. 意大利游学之我见 [J]. 包装世界，2009（3）.

［12］何景浩. 充满生机的韩国设计——设计在韩国的辗转 [J]. 科技咨询导报，2007（21）.

［13］敬威. 浅谈北欧工业设计 [J]. 科技资讯，2008（17）.

［14］潘荣. 构思·策划·实现——产品专题设计（第二版）[M]. 北京：中国建筑工业出版社，2009.

［15］吴翔. 中国工业设计发展瓶颈问题探讨 [J]. 艺术百家，2008（8）.

［16］何人可. 工业设计史 [M]. 北京：北京理工大学出版社，2005.

［17］马克·第亚尼. 非物质社会 [M]. 成都：四川人民出版社，2006.

［18］柳冠中. 急需重新理解"工业设计"的"源"与"元"——由"产业链"引发的思考 [J]. 艺术百家，2009（1）.

［19］B.约瑟夫. 派恩二世，詹姆斯·H.吉尔摩. 体验经济 [M]. 夏业良等译. 北京：机械工业出版社，2008.

［20］蒋之炜，潘荣. 基于交互式用户体验的产品设计前期定位研究 [J]. 艺术与设计，2010（1）：182.

［21］江国成. 十大产业调整和振兴规划意义重大 [OL]. 新华网，[2009-02-27].

［22］刑以群. 管理学 [M]. 北京：高等教育出版社，2007.

［23］闻邦椿. 基于系统工程的产品设计 7D 规划及 1+3+X 综合设计法 [J]. 沈阳：东北大学学报（自然科学版），2008，29（9）.

［24］F.W. 泰勒. 科学管理原理 [M]. 北京：中国社会科学出版社，1984.

［25］谢冰. 基于金融危机背景下的浙江中小企业发展与管理困境分析 [J]. 企业家天地，2009（12）.

［26］陈艳. 面向中小企业网络化协同设计支持平台关键技术研究 [D]. 青岛：中国海洋大学，2009.

［27］潘荣. 基于生态环保的产品循环再设计探讨 [J]. 包装工程，2008（9）.

［28］潘荣. 基于产品体验的模拟设计法探究 [J]. 艺术与设计，2008（9）.

［29］唐国兴，郭魂，胡建，等. 基于知识重用的产品快速设计过程研究 [J]. 中国制造业信息化，2008，37（5）.

［30］王晓宁. 促进我国中小企业技术进步的对策研究 [J]. 经济论坛，2009（8）.

［31］蒋之炜. 论设计价值的固化及其理性评估 [C].// 中国机械工程学会工业设计分会. 2009 年国际工业设计研讨会暨第十四届全国工业设计学术年会论文集. 北京：机械工业出版社，2009.

［32］倪益华，杨将新，顾新建，等. 基于知识的 CAX 集成的系统框架研究 [J]. 计算机集成制造系统，2003，9（3）：175-178.

［33］王奕首，滕弘飞，金博，等. 实现中小企业产品设计重用的若干途径 [J]. 计算机工程与应用，2007，43（9）：89-90.

［34］罗仕鉴，朱上上，应放天，等. 产品设计中的用户隐性知识研究现状与进展 [J]. 计算机集成制造系统，2010，16（4）：673-688.

［35］周美玉，李倩. 神经网络在产品感性设计中的应用 [J]. 东华大学学报：自然科学版，2011，37（4）：509-513.

［36］黄胥静. 工业设计公司针对中小企业产品开发的设计策略研究 [D]. 成都：西南交通大学，2011.

［37］张广远. 产学研合作下适合于浙江省中小企业的工业设计创新模式研究 [D]. 杭州：浙江工业大学，2010.

［38］侯亚婧. 工业设计对企业产品创新的影响 [D]. 南京：南京理工大学，2012.

［39］马嘉铭. 工业设计企业的设计管理探究 [D]. 广州：广州大学，2013.

［40］朱宏轩，唐瑶瑶. 论新经济形势下产品设计管理对企业发展的影响 [J]. 包装工程，2011，32（18）：90-92.

［41］梁惠萍. 用户需求驱动的产品设计材料选择探析 [J]. 制造业自动化，2011，33（19）：100-102.

［42］侯善文. 工业产品设计的难点与对策分析 [J]. 设计，2013（6）：186-187.

［43］刘娟. 系统论在工业设计领域的应用与研究 [J]. 艺术科技，2016，29（1）：290-290.

［44］周诚. 用户体验设计要素及其在产品设计中的运用 [J]. 艺术科技，2016，2（3）：270-272.

［45］王国彪，江平宇. 产品服务系统前沿中青年高层论坛论文集 [C]. 西安，西安交通大学出版社，2008.

［46］甄杰，严建援，谢宗晓. 在线个性化产品定制意向研究——基于独特性需求和 TPB 视角 [J]. 软科学，2017，31（4）：95–99.

［47］王恒. 基于产业集群导向下中小型企业工业产品创新设计模式再造 [J]. 企业导报，2016，10（20）：54–54.

［48］杨静，周丹丹，魏佳. 工业设计对企业产品创新的影响分析 [J]. 中国高新技术企业，2017，10（10）：49–50.

［49］许通陆. 互联网融入设计之中的创新模式研究 [J]. 数码设计，2018，7（2）：266–268.

［50］苏建宁，王瑞红，赵慧娟，等. 基于感性意象的产品造型优化设计 [J]. 工程设计学报，2015，22（1）：35–41.

［51］杜鹤民. 感性工学和模糊层次分析法产品设计造型评价 [J]. 西安工业大学学报，2014，34（3）：244–249.

［52］刘颖. 融入服务设计理念的中小企业产品系统化设计应用模式研究 [D]. 郑州：中原工学院，2015.

［53］Wang Lihui, Shen Weiming, Xie Helen, et al. Collaborative conceptual design–state of the art and future trends[J]. Computer–Aided Design, 2002, 34（13）：981–996.

［54］Jim Lesko. Industrial Design Materials and Manufacturing [M]. New York：John Wiley & Sons Inc., 2004.

［55］Hassenzahl M. Emotions. Can Be Quite Ephemeral. We Cannot Design Them[J]. Interactions, 2004, 11（5）.

［56］Mont O. Editorial for the special issue of the Journal of Cleaner Production on Product Service Systems[J]. Cleaner Production, 2003, 8（11）：815–817.

［57］Mont O and A Tukker. Product–Service Systems：reviewing achievements and refining the research agenda[J]. Cleaner Production, 2006, 14（17）：1451–1454.

［58］A. Tukker, U. Tischner. Product–services as a research field–past, present and future. Reflections from a decade of research[J]. Journal of Cleaner Production, 2006, 17（14）：1552–1556.

［59］K Besch. Product–service systems for office furniture：barriers and opportunities on the European market[J]. Cleaner Production, 2005, 13（10–11）：1083–1094.

［60］T S Baines, H W Lightfoot, S Evans, et al. State–of–the–art in product–service systems[J]. Proceedings of the Institution of Mechanical Engineers, Part B：Journal of Engineering Manufacture, 2007, 221（10）：1543–1552.

［61］Mont O. Product–service systems：Panacea or myth Doctoral Dissertation[M]. Skånelän：Lund University, 2004.

［62］J C Aurich, E Schweitzer, C Fuchs. Life Cycle Management of Industrial Product– Service Systems[M].

Advances in Life Cycle Engineering for Sustainable Manufacturing Businesses. Tokyo: Waseda University, 2007.

［63］M. B. Cook, T. A. Bhamra, M. Lemon. The transfer and application of Product Service Systems: from academia to UK manufacturing firms[J]. Journal of Cleaner Production, 2006, 14（17）: 1455-1465.

［64］A Williams. Product service systems in the automobile industry: contribution to system innovation[J]. Journal of Cleaner Production, 2007, 15（11-12）: 1093-1103.

［65］O Mont, C Dalhammar, N Jacobsson. A new business model for baby prams based on leasing and product remanufacturing[J]. Journal cleaner production. 2006, 14: 1509-1518.

［66］E Sundin. Design for Integrated Product-Service Offerings CCA case study of Soil Compactors[M]. Proceedings of the 14th CIRP Conference on Life Cycle Engineering. Tokyo: Waseda University, 2007.

［67］Evans S, Partidario PJ, Lambert J. Industrialization as a key element of sustainable product-service solutions[J]. International Journal of production research, 2007（45）: 4225-4246.

［68］L Krucken, A Meroni. Building stakeholder networks to develop and deliver product-service -systems: practical experiences on elaborating pro-active materials for communication[J]. Journal of Cleaner Production/ 2006, 14（17）: 1502-1508.

［69］N Morelli. Developing new product service systems（PSS）: methodologies and operational tools[J]. Journal of Cleaner Production, 2006, 14（17）: 1495-1501.

［70］Lee, Hui Mien. A framework for integrated manufacturing and product service system: Integrating service operations into product life cycle[J]. International Journal of Services Operations and Informatics, 2007（2）: 81-101.

［71］Zhao Haixia, Wu Jian. Simply analyse the principal component analysis[J]. Science & Technology Information, 2009（2）: 87.

［72］R. Rivas-Hermann, J. Khler, A. E. Scheepens. Innovation in product and services in the shipping retrofit industry: a case study of ballast water treatment systems[J]. Journal of Cleaner Production, 2014.

［73］Ivan Bolis, Sandra N. Morioka, Laerte I. Sznelwar. When sustainable development risks losing its meaning. Delimiting the concept with a comprehensive literature review and a conceptual model[J]. Journal of Cleaner Production, 2014.

［74］Arnold Tukker. Product services for a resource-efficient and circular economy-a review[J]. Journal of Cleaner Production, 2013.

［75］Akanksha Chaurey, P. R. Krithika, Debajit Palit, et al. New partnerships and business models for facilitating energy access[J]. Energy Policy, 2012.

［76］Hanss D，B hm G，Pfister H R. Active red sports car and relaxed purple-blue van: affective qualities predict color appropriateness for car types[J]. Journal of Consumer Behavior，2012（11）：368-380.

［77］Newswire P R. Automotive coatings: technologies and global markets[J]. PR Newswire US，2014（9）：205-218.

［78］Shieh M D，Yeh Y E. Developing a design support system for the exterior form of running shoes using partial least squares and neural networks[J]. Computers&Industrial Engineering，2013，65（4）：704-718.

［79］Kirchner E J J，Ravi J. Setting tolerances on color and texture for automotive coatings[J]. Color Research & Application，2014，39（1）：88-98.

［80］Hartley J. Some thoughts on Likert-type scales[J]. International Journal of Clinical and Health Psychology，2014，14（1）：83-86.

［81］Huang Y X，Chen C H，Li P K. Products classification inemotional design using a basic-emotion based semantic differential method[J]. International Journal of Industrial Ergonomics，2012，42（6）：569-580.

［82］XU X，HS1AO H H，WANG W W. Fuz Emotion as a Backward Kansei Engineering Tool[J]. International Journal of Automation & Computing，2012（1）：16-23.

［83］SU Mingyu，YANG Guanghui. A New Design of Student Apartment Bed Based on Kansei Engineering and Ergonomics[J]. Computer Aided Drafting，Design and Manufacturing，2014（3）：72-74.

［84］FU Guo，WEI Linliu，FAN Taoliu，et al. Emotional Design Method of Product Presented in Multidimensional Variables Based on Kansei Engineering[J]. Journal of Engineering Design，2014，25（6）：194-212.

［85］Wang Qian，Shan Wei，Li Yang-yang，et al. Discussion on exterior color in the vehicle research and development[J]. Fashion Colour，2014（7）：113-117.

［86］Zhang Yu-hong，Wang Zu-yao，Jiang Ming-mei. Research of the auxiliary decision system of the design of the product color based on the kansei engineering[J]. Applied Mechanics and Materials，2011（101-102）：50-54.

［87］Li Yue-en，Wang Zhenya，Li Dake. Researching on the kansei engineering and the product developing using[J]. Journal of Wuhan University of Technology，2010，32（6）：168-172.

附　录

附录 1
浙江省中小企业创新服务需求调查问卷

您好！

    感谢您阅读这份调查问卷。本项调查旨在了解中小企业发展过程中对技术创新服务及相关政策的实际需求情况，研究结果将提供有关部门制定政策或出台扶持措施参考。请参加调查的企业负责人根据本企业的实际情况填写；所有填写的内容，我们都将予以保密，并且仅限于研究分析之用途。

    请您仔细填写此调查问卷。在此，我们对您给予这一调查工作的帮助表示诚挚的感谢！

课题组

请您在相应的正确选项前打"√"或选择填空，或补充说明。谢谢！

1. 贵企业的基本情况：

①企业名称：

②联系人：_____联系电话：_____

③企业成立时间：_____年____月；注册资金：_____万元（目前）。

④员工总数：____人；其中大专以上学历人数：_____人，研发人员数：____人。

⑤企业所属行业：_____（如企业业务跨多个行业，请按照重要程度依次选前三个行业）

    A 电子与信息，（是 / 否）软件业； B 生物医药； C 新材料； D 光机电一体化；

    E 资源与环境； F 新能源与高效节能； G 高新技术服务业； H 其他_____

⑥企业类型（以企业法人营业执照上面的为准）：

    A 有限责任公司（国有独资）； B 有限责任公司（法人独资）；

    C 有限责任公司（自然人独资）；

D 有限责任公司，股份比例为：国内自然人____%、国有控股法人 ____%、非国有控股法人____%、外资____%；

E 股份有限公司；____F 农民专业合作社；____G 其他，具体类型是：_____。

⑦**企业所有制形式：**

A 国有企业；　B 民营企业；　C 集体企业；　D 股份合作企业；　E 中外合资经营企业；

F 中外合作经营企业；　G 合伙企业；　H 私有企业。

⑧**企业特性（可多选）：**

A 重新认定的高新技术企业；　B 被认定的双软企业；　C 民营科技企业；　D 国家高新区内的企业；　E 特色产业基地内的企业；　F 国家火炬计划软件产业基地内企业　I 民营科技园内的企业；　J 大学科技园内的企业；　K 孵化器内的企业；　L 国家创业服务中心内的企业产业集群内的企业；　M 高校院所办的企业；　O 留学人员办的企业；　P 科研院所整体转制企业。

2. 贵企业于_____年获得过以下_____类国家中小企业技术创新基金项目资助？

A 初创期小企业创新项目；　　B 一般创新项目；　　C 重点项目；　　D 服务机构补助资金项目；　　E 创业投资引导资金项目

资助金额为_____万元。

3. 您认为制造业中小企业各发展阶段面临的关键问题有哪些？（可多选，并按重要程度排序）

问题：A 资金问题；B 技术问题；C 产品问题；D 市场问题；E 管理问题；

　　　F 创业环境问题；G 人才问题；H 知识产权问题；I 其他问题（请补充）____

4. 制造业中小企业在不同发展阶段所需政府创新基金资助的着力点和资助金额是什么？（可多选，并按重要程度排序）

资助的着力点：A 开发市场需求的新产品；　B 提高企业存活率；　C 生产工艺创新；D 市场营销创新　E 培育企业持续创新能力；　F 改善企业创新环境；　G 其他（请补充）____

5. 您认为影响制造业中小企业技术创新的前 5 大关键因素有哪些？（按重要程度排序）
关键影响因素：

A 政府扶持（包括政策支持、资金支持、税收优惠等）；　B 企业研发经费投入；

C 知识产权保护与运用；　D 企业技术创新能力；　E 创新人才和团队；　F 产学研合作；

G 公共技术服务和创业服务；　H 产业集群创新环境；　I 风险投资环境；

J 创业家的创新意识和战略眼光；　K 大学、科研机构的技术转移；　L 新产品的市场定位。

给出多选和排序结果：_____

6. 贵企业在技术创新过程中面临的前五大内部障碍有哪些？（按重要程度排序）

A 资金不足 B 融资困难；　C 没有专门研发机构；　D 缺乏研究创新人才；E 缺乏风险投资；

F 对市场前景把握不准；G 设备和工艺水平落后；H 创新成果产业化成本太高；I 缺乏战略合作伙伴；　J 缺乏市场需要的技术成果；K 缺乏企业管理经验；　L 缺乏市场开发人才；M 其他（请补充）_____

给出多选和排序结果：_____

7. 贵企业在技术创新过程中面临的前五大外部障碍有哪些？（按重要程度排序）

A 技术中介市场不健全；　B 政府支持不力；　C 知识产权保护不力；　D 缺乏产学研合作；

E 新技术产品的市场风险大；　F 缺乏成熟的、符合市场需要的技术成果转让；

G 缺乏公共技术服务支持；　H 国有大企业和外资企业的技术和市场垄断；I 缺乏或不落实创新政策；　J 在资源和市场方面对中小企业歧视；　K 其他（请补充）_____

给出多选和排序结果：_____

8. 获得创新服务对贵企业成长与发展的作用如何？（可多选）

（1）对企业自主研发的作用：A 很大；　B 较大；　C 一般；　D 没有作用

（2）对企业引进、消化、吸收先进技术的作用：A 很大；　B 较大；　C 一般；　D 没有作用

（3）对促进产学研合作的作用：A 很大；　B 较大；　C 一般；　D 没有作用

（4）对企业技术成果熟化与商品化的作用：A 很大；　B 较大；　C 一般；　D 没有作用

（5）对企业增强技术创新投入信心的作用：A 很大；　B 较大；　C 一般；　D 没有作用

（6）对企业扩大社会影响、提高品牌效应的作用：A 很大；　B 较大；　C 一般；　D 没有作用

（7）对企业吸引和稳定人才的作用：A 很大；　B 较大；　C 一般；　D 没有作用

（8）对企业改进管理水平的作用：A 很大；　B 较大；　C 一般；　D 没有作用

（9）对企业开拓市场的作用：A 很大； B 较大； C 一般； D 没有作用

（10）对企业工艺和技术改造的作用：A 很大； B 较大； C 一般； D 没有作用

9. 您认为制造业中小企业各发展阶段急需何种类型的技术服务？（可多选，并按急需程度排序）

公共服务类型：

A 技术咨询； B 人才培训； C 创业指导； D 技术转让； E 信息服务；

F 产学研合作； G 知识产权服务； H 融资服务； I 检测中试； J 管理咨询；

K 市场服务； L 产品设计； M 产品标准服务； N 其他（请补充）_____

初创前期所需公共服务类型：_____

初创后期所需公共服务类型：_____

成长期所需公共服务类型：_____

扩张期所需公共服务类型：_____

贵企业曾经获得过哪种类型的技术服务：_____

现阶段需要哪种类型的技术服务：_____

10. 贵企业是否得到过技术服务机构的服务？ _____ A 是； B 否

如果得到过服务，您对现行技术服务机构提供服务的满意程度是

A 非常满意； B 满意； C 基本满意； D 不满意

现行的公共技术服务机构提供服务存在哪些突出问题：（请补充）

_____

政府应该如何加以引导和改进：_____

11. 贵企业得到过哪类技术服务机构的服务？服务类型是什么？（可多选）

技术服务机构的服务类型：A 技术咨询； B 人才培训； C 创业指导； D 技术转移；

E 信息服务； F 产学研合作； G 知识产权服务； H 融资服务；

I 检测中试； J 管理咨询； K 市场服务； L 产品设计；

M 产品标准服务； N 其他（请补充）_____

□生产力促进中心，服务类型_____

□高技术创业服务中心，服务类型_____

□技术转移中心，服务类型_____

□技术交易中心，服务类型_____

□知识产权服务机构，服务类型_____

□其他公共技术服务机构_____，服务类型_____

12. 贵企业的技术来源主要是（可多选，并按重要程度排序）

A 自主研发；　B 合作开发；　C 技术转让；　D 技术入股；　E 专利许可；　F 联合办新企业；

G 其他（请补充）_____

给出多选和排序结果：_____

13. 贵企业遇到技术难题时，通常（可多选，并按重要程度排序）

A 依靠自己解决；　B 请中介服务机构组织专家诊断；　C 直接聘请专家解决；　D 通过招标请专家解决

给出多选和排序结果：_____

14. 贵企业是否有技术引进的需求？_____　　A 是；　　　B 否

如果需要引进技术，所需技术引进的目的和用途（可多选，并按重要程度排序）

A 提高管理水平；　　　　　　　　B 开发新产品或服务项目；

C 提高设备的装备水平；　　　　　　D 提高劳动者素质；

E 提高产品的技术含量及功能；　　　F 提高产品的质量和生产规模；

G 提高产品销售水平（扩大市场份额）；　H 降低生产成本（节约资源）；

I 减少环境污染；　　　　　　　　　J 其他_____

给出多选和排序结果：_____

15.　贵企业对科技服务的需求主要有（可多选）：

□技术研发　□技术检测　□技术推广　□科技中介　□环境监测　□工业设计　□其他

_____

16. 贵企业外包的科技服务业务有哪些？（可多选）_____

□技术研发　□技术检测　□技术推广　□科技中介　□环境监测　□工业设计　□其他

_____

17. 贵企业所需技术的成熟度 _____

A 实验室技术；　B 中试技术；　C 批量生产技术；　D 产业化技术；　E 产业化后期技术

18. 贵企业技术创新项目所需的平均研发资金规模 _____

A 100 万元以下；　B 100 万～ 500 万元；　C 500 万～ 1000 万元；　D 1000 万～ 5000 万元；
E 5000 万元以上

19. 贵企业创业发展至今采取了哪些技术创新模式？创新绩效如何？（可多选）

□自主创新，创新绩效：A 显著；B 较好；C 一般；D 不明显

□合作创新，创新绩效：A 显著；B 较好；C 一般；D 不明显

□模仿创新　创新绩效：A 显著；B 较好；C 一般；D 不明显

□引进创新　创新绩效：A 显著；B 较好；C 一般；D 不明显

□开放创新　创新绩效：A 显著；B 较好；C 一般；D 不明显

□集成创新　创新绩效：A 显著；B 较好；C 一般；D 不明显

□集群创新　创新绩效：A 显著；B 较好；C 一般；D 不明显

□其他（请补充）_____，创新绩效：A 显著　B 较好　C 一般　D 不明显

20. 贵企业技术改造的形式：

A. 国外引进；　B. 省内引进；　C. 省外引进；　D. 自主开发（①模仿　②独创　③引进基础上的二次创新）

21. 目前影响贵企业技术改造投资积极性的主要问题有：（按照重要性排序）

A. 立项难（审批或核准或备案）；　B. 融资难；　C. 贷款担保难；　D. 用地难；　E. 寻找好项目难；　F. 了解、熟悉技改政策难；　G. 利用技改政策难；　H. 人民币升值；　I. 新劳动合同法；　J. 出口退税政策调整

22. 目前贵企业最急需得到的生产性服务主要是（可多选，最多 3 项）

□会计、审计和税务服务 □法律服务 □广告服务 □金融保险服务

□市场调查和专业咨询　□信息服务 □会展服务 □工业设计

□代理服务 □科学研究和技术服务 □物流服务 □营销服务

□投融资服务 □其他（请注明）_____

23. 预计未来贵企业需求最大 / 最多的生产性服务主要是（可多选，最多 3 项）

□会计、审计和税务服务　□法律服务　□广告服务　□金融保险服务

□市场调查和专业咨询　□信息服务　□会展服务　□工业设计

□代理服务　□科学研究和技术服务　□物流服务　□营销服务

□投融资服务　□其他（请注明）＿＿＿＿＿＿＿

24. 贵企业 2009 年研发、技术服务经费占企业销售收入的比重：

□少于 5%　□ 5% ～ 10%　□ 10% ～ 20%　□ 20% ～ 30%　□其他＿＿＿＿＿＿＿

25. 贵企业 2009 年外包研发技术业务费用占当年所有研发、技术服务业务费用的比重：

□零　□少于 20%　□ 20% ～ 50%　□ 50% ～ 70%　□ 70% ～ 85%　□ 85% ～ 95%

□ 95% ～ 100%

26. 您对中小企业技术创新服务相关建议：

＿＿＿＿＿＿＿＿＿＿＿＿＿＿＿＿＿＿＿＿＿＿＿＿＿＿＿＿＿＿＿＿＿＿＿＿

附录 2
产品委托试制记录表

产品名称		起止日期	
试制数量		预　算	

产品试制计划

内　容	计划完成时间（天）	实际完成时间（天）	本项工作负责人
产品图纸设计			
样件试制并定型			
工艺工装设计			
生产准备调试			
材料规范及质量			
工作状况及质量			

产品试制费用

项　目	第一期	第二期	第三期	备　注
调研费				
材料费				
设备费				
模具费				
样机制作费				
试机费用				
其　他				
合　计				
总　计				

产品试制结果及结论	
审核意见	

编制人		审核人		批准人		

后 记

光阴似箭，当本书付梓时，蓦然发现我已在教师岗位上工作十年了。在此，我怀着最为感恩的心向我的亲人、师长、同道、朋友致以最真诚的谢意！

回顾这值得纪念的十年学习和生活，我首先要深深地感谢我的导师潘荣教授，先生不仅于我有知遇之恩，更对我的人生之路产生巨大的影响，使我受益终生。同时，本书得以完成，亦得益于先生的悉心指导，先生严谨且兼容并蓄的治学态度更给了我极大的启发和指引。

感谢浙江理工大学孙莹颖教授，她严谨的治学理念和创新的思维方式使我受益良多。

感谢浙江大学许喜华教授、浙江理工大学吴微微教授、莫小也教授、周景崇教授，他们深厚的学识与修养，敏锐的洞察力以及宽以待人的作风为我树立了治学与修身的标杆。

感谢浙江大学彭韧教授和他优秀的团队在研究过程中给予的无私和珍贵的帮助；感谢绍兴市电化装潢有限公司董事长兼总经理娄坤良先生、浙江金穗广告有限公司总经理陈金莲女士、杭州谷田工业设计有限公司总经理郑磊先生以及杭州博简战略咨询管理有限公司总经理陶金先生，正是他们的鼎力支持才使本研究得以顺利完成，同时，他们对事业的追求也给我留下深刻的印象。

感谢陈龙春、万青老师，作为我的良师，他们的鼓励支持带给我前进的莫大动力。

感谢中国美术学院雷达教授、毛德宝教授、夏克梁教授、清华大学尚平君教授、浙江工商大学张建春教授、高颖教授、陈君教授、徐岸兵教授、马淑琴教授、浙江大学杨健教授等，他们在专业领域和研究方法上的开创性成就，对本研究具有非常重要的现实指导意义；感谢我的研究伙伴：许绍贞、蔡智林、郭章、陈代、韩莎莎、董艳、费艳青、延鑫、郭黎艳、谢瑞乐、孙晓庆、曾志国等，很多工作是基于共同合作而完成的。

感谢浙江农林大学王旭烽、任重、何征、王小德、李宣、陈思宇、闫晶、杨文剑、方善用、臧勇、王亚伟、汪和生、马小辉、宋春春、应莺等领导和专家在相关问题上给予的宝贵意见与建议；感谢学校人事处、科技处、教务处、社会合作处、财务处等部门的领导和同事们。

特别感谢浙江理工大学刘莼老师在外文文献方面给予的专业指导。

特别感谢中国纺织出版社有限公司资深编辑舒文慧老师所提供的专业建议，没有她的辛勤付出，本书的出版将是难以想象的。

特别感谢家人们的包容与支持。

特别感谢胡准、吴晨宏、蔡戟、戚凌耘。

本书为 2021 年度浙江省哲学社会科学规划课题《服务长三角数字经济的应用型数字人才培养模式研究》（21NDJC191YB）阶段性研究成果，特别感谢浙江机电职业技术学院杨敏教授及课题组全体成员。

最后，感谢所有默默关心、帮助和鼓励我的良师益友，谢谢你们！

蒋之炜

二○二○年十二月于东湖